I0657592

ALTDEUTSCHE TEXTBIBLIOTHEK

Begründet von Hermann Paul
Fortgeführt von Georg Baesecke
Herausgegeben von Hugo Kuhn

Nr. 88

Der Ritter von Staufenberg

Herausgegeben
von
Eckhard Grunewald

MAX NIEMEYER VERLAG TÜBINGEN
1979

CIP-Kurztitelaufnahme der Deutschen Bibliothek

Egenolf ⟨von Staufenberg⟩:
Der Ritter von Staufenberg / [Egenolf von Staufenberg]. Hrsg. von
Eckhard Grunewald. – Tübingen : Niemeyer, 1979.
    (Altdeutsche Textbibliothek ; Nr. 88)
    Einheitssacht.: Peter von Staufenberg
    ISBN 3-484-20104-5 kart.
    ISBN 3-484-20105-3 Lw.

NE: Grunewald, Eckhard [Hrsg.] ;
HST

Geb. Ausgabe ISBN 3-484-20105-3
Kart. Ausgabe ISBN 3-484-20104-5

  Satz: Rothfuchs, Dettenhausen. Druck: Omnitypie, Stuttgart
  Einband von Heinr. Koch, Tübingen

INHALT

EINLEITUNG

1. Überlieferung und Editionsgeschichte

Die um 1310 entstandene Verserzählung „Der Ritter von Staufenberg"
ist überliefert in einer Hs. des 15. Jhs. (*s*), einem Hs.-Frgmt. des 14. Jhs.
(*b*) und mehreren Straßburger Frühdrucken des 15./16. Jhs. $(d^1-d^4)^1$.

s: Hs. B 94 der ehem. Johanniter-Bibliothek Straßburg (1870 verbrannt)

Papier (zweispaltig, abgesetzte Verse); elsässisch; 1430/40
Text: fol. 140–156; 1191 Verse (1 Vers ausgefallen)
Überschrift: *Der ritter von Stöffenberg*
Illustrationen: 16 kolorierte Federzeichnungen
Beschreibung: Engelhardt (Editionsverzeichnis [EV] Nr. 1)[2], S. 55–65.

Der Text der Hs. *s* ist durch Christian Moriz Engelhardts Abdruck
aus dem Jahre 1823 (EV Nr. 1) bewahrt; die Verse 716a–720 sowie
13 der 16 Federzeichnungen sind der Edition – in einem Teil der
Auflage nach den Originalen koloriert – als Faksimile beigegeben.

b: Bristoler Frgmt. (im Besitz von Prof. A. Closs, Universität Bristol)

Papier (zweispaltig, abgesetzte Verse); elsässisch; um 1380
Text: fol. 57va–63vb; 655 z.T. frgmt. Verse
Überschrift: *der milte von stö[ffenberg]* (= Nachtrag einer Hand des 16. Jhs.)
Keine Illustrationen
Beschreibung: Priebsch (EV Nr. 6), S. 1–6.

Die von einem Buchbinder des 16. Jhs. zu Pappe verarbeiteten Blät-
ter der Sammelhs. enthalten ca. 60 % des Versbestands der ‚Narra-
tio‘[3]. Fol. 60 ist verloren; das Frgmt. bricht nach V. 935 (fol. 63v)

---

1 Von einer weiteren Druckfassung des 16. Jhs. (d^5) zeugen zwei stark abgenutz-
te Druckplatten, auf die Karl Schorbach aufmerksam machte (K. S.: Jüngere
Drucke des Ritters von Staufenberg. – In: ZfdA 40 [1896], S. 123–25). Als
verschollen gilt die frühe Abschrift eines Drucks, die sich Ende des 19. Jhs. in
Privatbesitz in Mels bei Sargans (Schweiz) befand (vgl. Jänicke [EV Nr. 4], S.
52/53).

2 Vgl. das Verzeichnis der Editionen und Faksimile-Ausgaben (S. XIII/XIV).

3 Zu den übrigen Texten der Hs. vgl. Priebsch (EV Nr. 6).

ab. Durch Teilung und Verkleinerung der Blätter bedingt, fehlen in der Mitte der Seiten jeweils 2–3, am unteren Rand 3–4 Verse; die Zeilenanfänge bzw. -schlüsse sind vielfach weggeschnitten. Auf fol. 63r sind große Teile der Schrift durch Leim gelöscht.

d^1 : Druck Johann Prüß' d.Ä., Straßburg

Zweispaltig, abgesetzte Verse; elsässisch; um 1483
Text: 14 Blatt; 1153 Verse (6 Verse ausgefallen)
Überschrift: *DIe gantz warlich legend von dem túren vn̄ ſtrenge̅ aue̅túrliche̅ Ritter genāt Herr Peter Diemringer geborn von Stoufenberg uß der ortenowe / was eren vnd wunders er ſein tag in vil landen erholt vnd volbracht hat / auch beſunder wie er vnd ein merfeye ſich in groſſer lieb vn̄ trúwe zů ein v́pflicht haben / wie wol er jrem trúwe̅ rat nit veruolgt vn̄ ſeiner verheiſung an jr trúwbruchlich worde̅ iſt deß halb er in drye̅ tage glich dar nach vn̄ vorgesatzter zeit natúrlichs ſterbe̅s in blúge̅der juget erſtorbe̅ iſt*
Illustrationen: 18 Holzschnitte (davon 2 Wiederholungen)
Beschreibung: Rath (EV Nr. 7), S. 7–10
Exemplare: SBPK Berlin, LB Stuttgart.

Die vermutlich noch im gleichen Jahr (1483) von Johann Prüß d.Ä. herausgegebene zweite Auflage des Werks (d^2; Exemplar: Donaueschingen) bietet in Text und Bildschmuck die Grundlage für alle späteren Ausgaben (d^3: Martin Schott, Straßburg, um 1489/90; Exemplare: Graz, Karlsruhe, München, Oxford, San Marino, Stuttgart, Wien und Wolfenbüttel; d^4: Matthias Hupfuff, Straßburg, 1500; Exemplare: Colmar, Hamburg und Mainz). Textkritischer Wert kommt allein d^1 zu[4].

Die voneinander unabhängigen Fassungen *s, b* und d^1 stimmen über weite Strecken (z.T. wörtlich) überein. *s* weist jedoch an mehreren Stellen – vor allem in der Nachbarschaft von Überschriften/Illustrationen – Erweiterungen gegenüber *b* und d^1 auf[5]. *b* (soweit erhalten) und d^1 zeigen Parallelen im Versumfang[6]; im Wortlaut steht *b* in der Regel *s* näher

---

4 Zum Verhältnis von d^1 und d^2 vgl. Rath (EV Nr. 7), S. 7–10; Edward Schröder: Rez. von Rath (EV Nr. 7). – In: AfdA 54 (1935), S. 75.

5 Es handelt sich um die Verse 621–26, 715/16, 773/74, 859–64, 995/96, 1033–36 und 1086/87 (in der Umgebung von Überschriften); daneben finden sich Erweiterungen in V. 645–52, 659–72, 685/86 und 689/90. Zu Funktion und Qualität der Zusatzverse vgl. Edward Schröder: Kritisches und Exegetisches zu altdeutschen Dichtern. – In: ZfdA 38 (1894), S. 106–08; Wilhelm Wilmanns: Rez. von Schröder (EV Nr. 5: [1]1894). – In: GGA 1895, S. 408–11.

6 d^1 bietet gegenüber *b* (und *s*) zusätzlich die Verse 99/100. Dagegen fehlen die

als d^1. Allerdings verzichtet b auf den in s und d^1 überlieferten Prolog. Nur d^1 bewahrt den Epilog mit der Namensnennung des Dichters/Auftraggebers Eckenolt (s spart die Passage aus; b bricht vorher ab). Insgesamt scheinen b und d^1 näher an den ursprünglichen Versbestand heranzuführen, b und s dagegen dem Wortlaut der Urfassung näher zu kommen.

Der „Ritter von Staufenberg" gehört zu den frühesten Einzeleditionen deutscher Märendichtung. 1823 gab Christian Moriz Engelhardt den Text der Straßburger Hs. erstmals heraus (EV Nr. 1). 1849 folgte ein Abdruck des Wolfenbütteler Exemplars von d^3 durch Friedrich Culemann (EV Nr. 2), der auch die Holzschnitte in verkleinertem Maßstab veröffentlichte. Auf der Grundlage der Editionen Engelhardts und Culemanns gab Oskar Jänicke (EV Nr. 4) 1871 die Fassung s erneut heraus; er übertrug den Text in „klassisches" Mhd. und zog vereinzelt die in den Apparat aufgenommenen Laa. von d^3 zu Verbesserungen heran. Edward Schröder milderte 1894 in seiner bis heute gültigen Edition (EV Nr. 5) die von Jänicke eingeführte „Normalisierung", indem er den Lautstand von s an Straßburger Urkunden der Zeit um 1300 überprüfte, um der elsässischen Lautung der Urfassung zu ihrem Recht zu verhelfen[7]. Schröder behielt s als Grundlage bei, berücksichtigte jedoch die Laa. von d^2 (und d^3) bei der Einrichtung des Textes in weit stärkerem Maße als Jänicke; in die vierte Auflage seiner Edition (1929) nahm er schließlich auch die Varianten des 1922 von Robert Priebsch veröffentlichten Bristoler Frgmts. (EV Nr. 6) auf.

2. Einrichtung des Textes

Die vorliegende Ausgabe berücksichtigt erstmals die 1934 von Erich von Rath (EV Nr. 7) als älteste identifizierte Druckfassung d^1 (nach dem Exemplar der Staatsbibliothek Preußischer Kulturbesitz Berlin). Außerdem wird der Text des Bristoler Frgmts. nicht nach dem teilweise ungenauen Abdruck Priebschs[8] wiedergegeben, sondern nach Xeroko-

---

in b (und s) überlieferten Verse 753/54 und 863/64. Die in d^1 ebenfalls ausgefallenen (in s erhaltenen) Verse 465/66 sind in b weggeschnitten. (Verszählung nach d^1.)

7 Vgl. Schröder (EV Nr. 5: ¹1894), S. LI/LII.

8 Neben verschiedenen Flüchtigkeitsfehlern ist hier vor allem das Auslassen der Verse 161—63 zu nennen.

pien/Photographien, die der Besitzer der Hs., Prof. A. Closs (Universität Bristol), freundlicherweise zur Verfügung stellte[9].

Die Edition sucht das Weiterleben des Textes im Überlieferungsvorgang zu veranschaulichen. Dazu werden die Fassungen *s, b* und *d*^{1} vollständig wiedergegeben. Da aus drucktechnischen Gründen ein synoptischer Abdruck der drei Versionen nicht möglich ist, wird die Fassung *s* als Haupttext geboten; die (im Versbestand weitgehend identischen) Texte *b* und *d*^{1} erscheinen darunter parallel abgedruckt.

2.1 Texteinrichtung von *s*

Der Text der (1870 verbrannten) Straßburger Hs. wird nach der Edition Engelhardts wiedergegeben, die Versgruppe 716a–720 nach dem Faksimile[10]. Um Wortlaut und Lautstand der in *s* überlieferten Fassung zu wahren, wird – mit Ausnahme der im Apparat vermerkten Fälle – auf korrigierende Eingriffe, vor allem auf metrisch-rhythmische Glättungen, weitestgehend verzichtet. Die von Engelhardt ausgewiesenen Veränderungen der Textgestalt[11] werden (soweit möglich) rückgängig gemacht:

In Anlehnung an den Gebrauch der Hs. erscheint *ä* als *å*, *ö* als *ő* (vgl. V. 716a des Faksimiles), *u* (wenn Diphthong *uo* gemeint ist) als *ŭ* (vgl. V. 716a, 718, 719) und *ü* als *ŭ* oder *ú* (vgl. V. 716a); *ue* (V. 42 *mueß*, 481 *tueg*, 1071 *ueber*) und *oe* (V. 1026 *oel*) werden wie *ü* und *ö* behandelt. Die Diphthonge *ou* und *au* (V. 422, 531, 622 *auch*, 1036a *jumpfrau*) werden als *ŏ* wiedergegeben.

Da die Engelhardtsche Edition in der Wiedergabe des Lautstands

---

9 An dieser Stelle möchte ich der BPKB und Prof. A. Closs für Photographien (Xerokopien) und Publikationserlaubnis danken.

10 Die Wiedergabe der Verse 716a–720 richtet sich nach den allgemeinen Editionsprinzipien. Abkürzungen werden aufgelöst; das (von Engelhardt nicht berücksichtigte) Längenzeichen über V.716a *råt* entfällt.

11 Engelhardt führte moderne Interpunktion und Großschreibung der Substantive ein, löste die Abkürzungen auf und glich *u* und *v* aus. „Im übrigen sind für die langen *i*, oder wo solche statt *ih* stehen, *j*, gesetzt; für *o* mit einem kleinen *v* darüber, *ou*, oder *au*, je nach der Art des Diphtongs [!]; für das *u* mit einem kleinen *o* darüber, ein gewöhnliches *u*; für *û* dagegen ein *ü*" (Engelhardt [EV Nr. 1], S. 58).

Die von Engelhardt (S. 137) angezeigten Verbesserungen (V. 124 *graß* für *roß*, 215 *wunneberenden* für *sunneberenden,* 216 *gestirne* für *gesteine*) werden übernommen; die Laa. der Hs. erscheinen im Apparat.

(nicht des Wortlauts) der Vorlage bisweilen unzuverlässig ist, werden zudem folgende Regelungen getroffen:

Dehnungs-*h* in V. 27 *enlehrt*, 28 *verzehrt*, 411 *ihm* und 429 *ihr* wird nicht übernommen, ebenso *ie* in V. 129, 189, 209, 706 *dies* (*-e, -er*), 160, 562 *spiel*, 257, 678 *viel*, 469 *wieder;* Doppel-*n* in V. 97 *erkannt*, 121 *mannheit*, 607 *dienstmann* und 922 *bekannt* wird vereinfacht[12].

Vereinzelter Apostroph (V. 450 *dir's*, 684 *rett'*) entfällt.

Durch Bindestrich verbundene Komposita werden getrennt: V. 140 *alle sammen*, 146 *mandel ryß*, 230 *palmat sydin*, 482 *uff gestůnt*, 657 *e wip*, 932 *landes herren*, 939 *menschen ŏg*, 1182 *closter frow*.

Die von Engelhardt vielfach modernisierte Wortabteilung wird in Anlehnung an die Schreibweise des Bristoler Frgmts. und der frühen Drukke dem Gebrauch des 15. Jhs. angenähert; eine sichere Rekonstruktion der ursprünglichen Worttrennung von *s* ist freilich nicht in allen Fällen möglich.

Zur Vereinfachung und Verdeutlichung des Schriftbildes werden schließlich *i* und *j* in der üblichen Weise ausgeglichen; ſ erscheint als *s*, ſȝ/sȝ als *ß*, ȝ als *z*.

Die in der Hs. durch Initialen bzw. Capitulumzeichen[13] angezeigte Abschnittsgliederung wird durch Majuskeln und Einrücken der entsprechenden Verse kenntlich gemacht; im übrigen gilt am Zeilenanfang (gegen die Hs.) Kleinschreibung. Die Interpunktion folgt modernen Regeln.

Alle sonstigen Eingriffe in den Text werden im Apparat vermerkt; die von Jänicke, Priebsch und Schröder (4. Aufl.) übernommenen Korrekturvorschläge werden gekennzeichnet (Siglen: *J, P, S*⁴), sofern die Verbesserungen nicht angesichts der Parallelüberlieferung auf der Hand lie-

---

12 Dehnungs-*h* und *ie* (für kurzes *i*) sind zwar im Elsässischen des 15. Jhs. belegt (vgl. Karl Weinhold: Alemannische Grammatik. Berlin: Dümmler 1863, § 237 und 135), doch besteht in Engelhardts Edition wiederholt der Verdacht auf Flüchtigkeitsfehler des Herausgebers oder Setzers; dasselbe gilt für Doppel-*n* in den angeführten Wörtern. Die Orthographie wird daher in den genannten Fällen der sonst üblichen Schreibweise der Hs. angeglichen.

13 Vgl. Engelhardt (EV Nr. 1), S. 56: „Das Gedicht läuft ohne Strophenabtheilung, noch Spur einer solchen, fort, und ist nur in längere oder kürzere, von dem Gange der Geschichte abhängige Kapitel getrennt, in denen man annoch, bald durch größere Anfangsbuchstaben, bald durch Paragraphzeichen angedeutete, unter sich ungleiche, Absätze wahrnimmt, die auch ihren Grund in Reden und Gegenreden, und leichteren Uebergängen der Erzählung haben." Engelhardts Edition unterscheidet nicht zwischen Initialen und Capitulumzeichen (beide werden durch Einrücken der betreffenden Zeile angezeigt).

gen. Der Apparat behält die Engelhardtsche Schreibweise bei (mit Ausnahme der Majuskeln bei Substantiven); zur Vereinfachung des Schriftbildes erscheinen ſ, ſʒ und ʒ als s, ß und z.

2.2 Texteinrichtungen von b und d^1

Die Fassungen b und d^1 werden buchstabengetreu mit allen graphischen Zeichen (einschließlich der Interpunktion) wiedergegeben. Majuskeln am Zeilenanfang (vereinzelt auch innerhalb der Verse) bleiben erhalten; J erscheint als I. Initialen werden durch Einrücken der entsprechenden Verse gekennzeichnet[14].

Zur Vereinfachung des Schriftbildes erscheinen jedoch wie beim Abdruck der Straßburger Hs. ſ als s, ſʒ als ß und ʒ als z. Außerdem bleiben Striche bzw. fehlende Punkte bei i unberücksichtigt, in d^1 weiterhin die verschiedenen Formen des r. In b wird das Kürzel für ra in V. 409, 735, 918 *sprach* aufgelöst, über V. 334 nachgetragenes d^s in die Zeile gerückt.

Ausgefallene Zeilen werden durch . . . angedeutet und mitgezählt; der Umfang der durch Verlust von fol. 60 in b entstandenen Textlücke wird (entsprechend s und d^1) auf 124 Verse geschätzt. Vertauschungen bei der Versabfolge bleiben erhalten (in b V. 53/54 und 783/84 mit den Umstellungszeichen der Hs. neben der Zeile).

Der schlechte Erhaltungszustand des Bristoler Frgmts. macht zudem folgende Schritte notwendig:

Die (vermutliche) Anzahl der am Zeilenanfang bzw. -ende weggeschnittenen oder gelöschten Buchstaben wird durch enger gesetzte Punkte (...) angezeigt[15]. Außerdem werden fragmentarisch erhaltene Buchstaben (soweit eindeutig identifizierbar) ganz wiedergegeben, in Zweifelsfällen (V. 222, 238, 268, 574 und 619 — hier sind nur einzelne Buchstabenspitzen oder -enden erhalten) durch Punkte ersetzt. An den Stellen, an denen Priebsch mehr lesen konnte als ich oder den Wort-

---

14 Die Capitulumzeichen vor den Überschriften in d^1 entfallen.

15 In der Regel ist hier der ursprüngliche Wortlaut aufgrund der Parallelüberlieferung ziemlich sicher zu bestimmen. Den Vorschlägen Priebschs folge ich bei den Versanfängen 79 (P 127) *Wo in str*]*itte*, 81 (P 129) *Dicke* (daneben auch *Einer* möglich), 88 (P 135) *Er w*]*z*, 211 (P 259) *Den u*]*mb ving* (daneben auch *Der u*]*mb ving* möglich), 213 (P 261) *Die b*]*esten* (daneben auch *Der b*]*esten* möglich), 214 (P262) *Den b*]*ŏsten*, 329 (P 377) *Lieber*, 330 (P 378) *Volge*] *stu*, 333 (P 381) *So* oder *Wo d*]*u*, 566 (P 610) *Wo*, 568 (P 612) *Vnd*, 587 (P 631) *Dz er lat*, 827 (P 887) *Der son*]*tir*, 887 (P 947) *Vůr*.

laut der Hs. sicher zu erschließen glaubte, werden seine Vorschläge in Kursivdruck geboten.

Darüber hinaus werden die (weggeschnittenen) übergeschriebenen Vokale in V. 358 *zů* und 388 *mönsche* sowie der Nasalstrich in V. 866 *minē* ergänzt. Da vielfach nicht mehr zwischen *ő* und *ö* zu unterscheiden ist, werden beide stets als *ő* wiedergegeben; der Diphthong in *frȯwe/ fröwe* erscheint einheitlich als *ȯ*.

Die Eingriffe in den Text der Fassung d^1 beschränken sich auf Korrekturen offensichtlicher Druckfehler: V. 20 *hute* für *hu e*, 50 *hies* für *heis*, 146 *mit* für *mit mit*, 197 *seiner* für *senier*, 450 *ritter* für *rittee*, 572 *leib* für *leb*, 622 *gefůgte* für *gefgůte*, 673 *riemen* für *remen*, 702 *sein* für *sien*, 737 *himel* für *hime*, 783 *künigs* für *künis*, 873 *herre* für *herrr*, 915 *bischof* für *bischf*, 958 *nacht* für *necht*, 972 *hertze* für *hartze*, 1020 *hore* für *hoer*, 1026 *gedrot* für *gedeot*, 1045 *wunnigliches* für *wunniglices*, 1050 *bielein* für *bielen*, 1072 *balde* für *bdlde*, 1113 *dich* für *dicch*, 1159 *sprechend* für *sprethend*. Richtiggestellt werden Verwechslungen bei übergeschriebenen Vokalen und graphischen Zeichen: V. 41 *stürmen* für *stürmen*, 700a *vn̄* für *vń*, 743 *zů* für *zú*, 760 *für* für *fůr*, 768 *fůrend* für *fúrend*, 1099 *wúrd* für *wúrd*. In V. 266 *vergolte*, 452a *fingerlī*, 925 *besīnet*, 1032 *wurdēt* und 1034 *niergēt* werden die fehlenden Nasalstriche ergänzt. Vereinzeltes *em* für *ein* bleibt nicht erhalten: V. 57 *seint* für *semt*, 247 *reine* für *reme*, 444, 1089 *mein* für *mem*. Stillschweigend verbessert werden die häufigen Vertauschungen von *v/y* und *ſ/f*, ebenso die durch den Satz bedingten Unkorrektheiten in der Wortabteilung (wie V. 246 *fürspangan* für *fürspang an*), nicht dagegen auf Mißverständnissen beruhende Fehler (wie V. 151 *Er fůr* für *Erfůr*).

3. Editionen und Faksimile-Ausgaben[16]

1. Der Ritter von Stauffenberg, ein Altdeutsches Gedicht. Hrsg. nach der Handschrift der öffentlichen Bibliothek zu Straßburg [...] von Christian Moriz Engelhardt. Mit 26 lithographischen Platten. Straßburg: Auf Kosten des Verfassers 1823.

---

16 Auf eine Bibliographie wird verzichtet: Einen Überblick über die wichtigste Literatur zum „Ritter von Staufenberg" bietet die Faksimile-Ausgabe der Fassungen *b* und *d*[1] (EV Nr. 10), die – auch in ihren Ausführungen zur Entstehungs-, Motiv- und Illustrationsgeschichte des Textes – als Ergänzung zur vorliegenden Edition gedacht ist.

2. Die Legende vom Ritter Herrn Peter Diemringer von Staufenberg in der Ortenau. [Hrsg. von Friedrich Culemann]. – In: Hundert Merkwürdigkeiten der Herzoglichen Bibliothek zu Wolfenbüttel. Für Freunde derselben aufgezeichnet von C. P. C. Schönemann. Hannover: Culemann 1849.

3. Peter Temringer oder Die Sage vom Schloß Staufenberg im Durbachthale. Hrsg. von Eckert. Baden-Baden: Scotzniovsky 1863 [= Nachdruck der Edition Engelhardts].

4. Der Ritter von Staufenberg. Hrsg. von Oskar Jänicke. – In: Altdeutsche Studien von Oskar Jänicke, Elias Steinmeyer und Wilhelm Wilmanns. Berlin: Weidmann 1871, S. 1–61.

5. Zwei altdeutsche Rittermæren: Moriz von Craon. Peter von Staufenberg. Hrsg. von Edward Schröder. Berlin: Weidmann [1]1894, [2]1913, [3]1920, [4]1929.

6. Priebsch, Robert: Bruchstücke deutscher Dichtungen des 13.–14. Jahrhunderts: A. Schlußverse von Konrads Otte mit dem barte. B. Peter von Staufenberg. C. Hofzucht. D. Busant. – In: PBB 46 (1922), S. 1–51, 338 [Text: S. 8–19].

7. Egenolf von Staufenberg: Die Geschichte vom Ritter Peter Diemringer von Staufenberg. Gedruckt von Johann Prüss in Strassburg um 1483. Faksimiledruck nach dem Exemplar der Berliner Staatsbibliothek. Mit einer Einleitung von Erich von Rath. Berlin: Wiegendruck-Gesellschaft 1934.

8. Peter von Staufenberg. – In: Röhrich, Lutz: Erzählungen des späten Mittelalters und ihr Weiterleben in Literatur und Volksdichtung bis zur Gegenwart. Sagen, Märchen, Exempel und Schwänke. Bd. I. Bern/München: Francke (1962), S. 27–42 [= Nachdruck der Edition Schröders].

9. Egenolf von Staufenberg: Die Geschichte vom Ritter Peter. Faksimile der Inkunabel 317 der Fürstlich Fürstenbergischen Hofbibliothek Donaueschingen. Stuttgart: Müller und Schindler (1975).

10. Peter von Staufenberg. Abbildungen zur Text- und Illustrationsgeschichte. Hrsg. von Eckhard Grunewald. Göppingen: Kümmerle 1978 (Litterae. Nr. 53).

TEXT

Wer het bescheidenheit so vil,
das er afenture wil
gerne merken und verstan
und im lat in sin herze gan
5   zucht, trůw und bescheidenheit
und im unfůg lat wesen leit
in herzen und in můte,
von himel got der gůte,
der getruwes herze nie
10   mit der hilfe sin verlie,
in ỏch niemer wil gelan;
ich red es gar on allen won,
wan ich sin gůten glỏben han.
wa sind *nun* frowen oder man,
15   die sich bescheidenheite
flissend vil gereyte
und wend nach eren ringen?
nun lat im got gelingen
an lib und ỏch an gůte,
20   wer sich hett in der hůte,

---

11 in ouch n. S^4] Noch niemer me   18 Und
14 nun] jm

---

b: (*Prolog fehlt*)   *d*^{1}:   WEr hat bescheidenheit so vil [1r
Das er ouẽturẽ wil
Gerne merckẽ vñ verston
Vñ jm lon durch sin hertz gon
5 Zucht trug vnd bescheidenheit
Vnd jm vnfůg lon wesen leit
In hertzen vnd in můte
Von himelrich der gůte
Getruwes hertze nie gelie
10 Mit der hilffe sein al hie
Noch niemer wil gelan
Ich red es gar on argen wan
Wan ich sein gantzẽ glauben han
Wo seint nu frouwen oder man
15 Die sich bescheidenheite
Flissent so gereite
Vnd went noch eren ringen
Got lot in wol gelingen
An lib vnd auch an gute
20 Wer sich hat in der hute

1

daz er kan schande fliehen
und wil sich lan beziehen
zucht, truw, milt und ere,
wer volget miner lere
25   und sich flisset tugent.
wer sich in siner jugent
versumet, daz er nůt enlert,
ach, wie schåmlich verzert
der mensche sine kintheit,
30   wa man oventure seit,
daz er sich wenden mů̊ß da van!
ir stolzen, werden jungen man,
war sag ich ungelogen
von einem ritter wol gezogen,
35   wie es dem ze jůngst gelang,
der alle zit nach eren rang;
har umb er leit groß arbeit.
daz si ůch, junge, vor geseit:
wer noch well ere ervehten
40   mit rittern oder knehten
in turnern oder striten,
der mů̊ß ze beden siten

(Prolog fehlt)

Wer kann schande fliehen
Vnd sich lot ůberziehen
Zucht trug vnd bescheidenheit
Dem wurt lop vnd ere geseit
25   Wer sich flisset tugent
Vnd sich in seiner iugent
Versůnt daz er den menschen lert
Ach got wie schemlich verzert
Der mensche sein kintheit
30   Wo man ouentůre seit
Das er sich alles wendet do van
Ir werder iunger stoltzer man
Ir sigent noch gar vngezogen
Furwar sag ich euch vngelogen
35   Von einem ritter wie dem gelang
Der alle zeit noch eren rang
Dar vmb so lies er groß arbeit
Das sie euch iungen vor geseit
Wer noch wil erfechten ere
40   By rittern knechten herre
In stůrmen vnd in streiten
Der mů̊ß zů̊ beiden siten

2

                des libes sich ze mal verwegen;
                har umb ist manger tot gelegen,
45   der wol wer sin ein fromer man.
                alsus die rede vahet an.
                Uns seyt die oventure daß,
                als ich hie vor geschriben laß,
                von einem werden ritter her,
50   hies Peterman von Temringer
                und waz ein tegen us erkorn.
                von Stöffenberg waz er geborn,
                daz lit in Mortenowe,
                da mange schŏne frowe
55   sich lat in eren schŏwen,
                der lob ist unverhowen,
                wan sie vor wandel sind behŭt.
                der ritter edel und gŭt
                waz von art ein milter man,
60   mit dem so liess er uff gan,

---

53 im   55 ere

(Prolog fehlt)   Des libes dick sich erwegen
                                             Dar vmb ist maniger dot gelegen
                                   45   Der wol hies ein frommer man
                                             Alsus die rede hebet an

                                             Der thŭre ritter von Stouffenberg·   [1v

. . . . [56v   Uns seit die ouentŭre das·
. ls ich vor geschriben las   Als ich fŭrwor· geschriben las·
. . n eime werden ritter her   Von einem werden ritter herr·
. . es peterman von temiger   50   Der hies her Peter diemeringer
5 . nd wz ein tegen vßerkorn   Der was ein tegen vsserkorn
. . n stŏffenbᵊg wz er geborn   Von Stouffenberg wz er geborn
. z lit in mortenŏwe   Das liet in orttenowen
. o mange schŏne frŏwe   Do manicher schŏnen frouwen
. ich lot in eren schowen   55   Ir lop ist vnuerhouwen
10 . er lop ist vnuerhowen   Lont sich in eren schouwen
. anne sŭ vor wandel sint behŭt   Vnd seint vor wandel wol behŭt
. . r edele ritter vnd gŭt   Der edel ritter vnd gŭt
. z von art ein milte man   Was von art ein milter man
. . . .   60   Mit jm so lies er uff gan

3

waz er gúlte hette.
der edel und der stete
erte arm und ŏch richen
und ließ von im entwichen
65 nie dekeinen varenden man,
er mŏste sine gabe han.
  Ŏch diente er fliessecliche
got von himelriche
und ŏch der zarten mŏter sin,
70 Marien, der werden sŭnerin,
sprach er alle morgen zŏ:
„hilf mir, daz ich also getŭ,
daz ich din huld erwerbe,
ee denn ich hie ersterbe!"
75 des enließ er niemer dag.
da von sin got von himel pflag,
als er noch vil manges pfligt,
der in striten wol gesigt
und ŏch in turneye.

---

61 gült   68 vom
65 keinen   75 entließ

---

15 . . . .   Was er des gŭtes hette
    Der edel vnd der stete   Der edel an der stette
    Erte arme vnd ouch riche   Ert armen vnd reichen
    Er lies von ime entwichen   Er lies von im nit weichen
    Nie deheinen varenden man   65 Keinen gernden farē man
20 Er mŭste sine gobe han   Er mŭste sein gab von im han
    Ouch diende er flißecliche   Auch dient er fleissiglichen
    Gotte von himelriche   Got von himelreichen
    Vnd ouch der zarten mŏter sin   Vnd der werden mŏter sein
    Maria der reinen sŭnerin   70 Ach maria himel kŭnigein
25 Sprach er alle morgen zŏ   Sprach er alle morgen frŏ
    Hilf mir frowe dz ich getŏ   Hilf mir das ich also thŏ
    Dz ich din hulde erwerbe   Das ich dein huld erwerbe
    ·E· denne ich hie ersterbe   Ee wan ich ersterbe
    Des enverlies er niemer tag 75 Das gelies er nymmer tag
30 . . . .   Got von himelreich sein pflag
    . . . .   Als er noch vil manches pfligt [2r
    . . . .   Der in streiten wol gesigt
    . . . .   Vnd ouch in turneyge

4

80 Der hoh geborne leye
diente gerne frowen:
wo er die mohte schowen,
so waz er von herzen fro.
uns seit die oventure also,
85 daz er nie so zornig wart,
sah er eine frowen zart,
verswunden waz sin ungemach.
da von man im daz beste sprach
in diser wilden welte wyt.
90 man seyt, daz weder vor noch syd
nie stolzer ritter wurd erkant,
der erfaren hett so manig lant.
Der selbe tegen here
maht manchen sattel lere:
95 in turnern und in stryten
wart ze beden siten
fromer ritter nie erkant.
waz er begreiff mit siner hant

---

81 diente] Steten   98 was] Unz

Der hoch geborne leyge	80 Der hochgeborn leyge
35 Diende ouch gerne frŏwen	Der diente gern frowen
Wo er die mŏhte schowen	Wo er die mŏchte schowen
So wz er von hertzen fro	So ward er von hertzen fro
Vns tŭt die ofentúre also	Vns seit die ofentúre also
Dz er nie so zornig wart	85 Das er nie so zornig wart
40 Sach er eine frowe zart	Sech er ein schŏne frowe zart
Verswunden was sin vngemach	Im v̓schwund sein vngemach
Do von man ime dz beste iach	Do von man im das beste iach
In aller dirre welte wit	In diser wilden welte weit
Man seite dz weder ·E· *noch* sit	90 Man sagt das weder e noch seit
45	Nye stoltzer ritter wer erkant
. . . .	Der het erfaren manig land
Der selbe tegen herre	Der selbe ritter herre
Mahte mangen sattel lere	Macht manchen sattel lere
In turneý vnd in striten	95 In turney vnd in streiten
50 Wart zŭ beden siten	Es ward zŭ beden seiten
Frumer ritter nie gesehen er. . . .	Fromer ritter nie bekant
Was er ergreif mit der han .	Was er begreif mit seiner hand
	Vnd in seinem zorn gerte
	100 Was er mit seinem schwerte

5

          und moht mit sinem swert erlangen,
100   umb die waz es ergangen;
          des lag vor im vil manger tot.
          ŏch braht er mangen syd in not,
          die sich durch werde frowen
          uff hofen liessend schowen.
105   Also man stechen solte:
          wer an in ryten wolte,
          so stieß er ross und man
          mitenander dort hin dan;
          ŏch fŭrt er an dem schafte sin
110   vil mangen fŭr die frowen hin.
          da von sin lob ward wyt erkant:
          Swaben, Beyern, Ungerlant
          mŭstent im daz beste yehen.
          in Engellant wart er gesehen
115   und ŏch in Frankenriche
          den besten ye geliche.
          in Tuscan, in Lamparten

---

105 Als so   116 Die b. y. gliche

---

   b Vmb die wz es ergangen   Mocht vmb sich erlangen
   a Vnd mit sime swˢte mŏhte erl . . . . .   Vmb die was es ergangen
55c Des lag vor ime vil manger . . .   Des lag vor im vil mancher tod
    Ouch brohte er manigen in n . .   Der mŭst leiden do die not
    Die sich durch werde frŏwen   105 Die sich vor reinen frowen
    Vf hŏfen ließent schowen   Vff hŏfen liessend schowen
    Als man stechen solte   Vnd do man stechen solte
60 . . . .   Wer an in reitten wolte
   . . . .   So stiesse er roß vnd man
   . . . .   110 Miteinander dort hin dan
   . . . manigen vur die frowen hin⌈57r   Ouch furt er an dem schaffte sein
65 . . von sin lob wart wit erkant   Vil manchen fŭr die frowen hin
   . woben peygern vngerlant   Do von sein lob ward weit erkant
   . ŭsten ime dz beste iehen   Schwoben beyern vngerland
   . . engelant wart er gesehen   115 Die mŭsten im das beste iehen
   . nd ouch in franckriche   In engeland ward er gesehen
70 . ie besten iegeliche   Vnd ouch do in franckenreich
   . ŭ tuschan in lamparten   Was er den besten ye geleich
                           In tustkan vnd in lamparten

6

hört man im die frowen zarten
und mit flyß got heiles bitten.
120 alsus hat er gestritten
mit manheit und mit ritters kraft
mit eren in der heydenschaft,
wan er schlüg inen mangen tot;
daz *graß* macht er von blüt rott,
125 wa er in stritten an sy kan.
vil manger ungetöffter man
gar dik zü dem andern sprach:
„so werden man ich nie gesach,
also diser stolze ritter ist."
130 sü sprachent by der selben fryst,
er wer in rechter masse,
132 ze clein noch ze grosse,
134 weder ze kurz noch ze langk:
133 „sin herz ist luter, one wangk,
135 und hat eins rechten *mannes* lip."
gar manges wilden heyden wip
seyt lob, dank und ere

---

124 roß   135 manes

133/34 *umgestellt (vgl. S⁴)*

. ach man ime die frowen zarten	120	Sach man die schönen frowē zarten
. nd mit flíße got heiles bitten		Mit fleisse im do heiles bitten
. uch hette er erstritten		Als er vor in het erstritten
75 . . . manheit vnd mit ritters kraft		Mit manheit vnd mit ritters krafft
. . . .		Vil eren in der heidenschafft
. . . .	125	Wañ er schlüg vil manchen tod
. . . .		Das graß macht er von blüte rot
.. .. . . .itte er sü bekam		Wo er sy nu ane kam
80 . . . . anig vngetöfter man		Vil manchen vngetoufften man
. . . . . zü dem andern sprach		Gar dick einer zü dē andern sprach
. . werden man ich nie gesach	130	Kein werdern ritter ich nye gesach
. . . . irre stoltze ritter ist		Als diser stoltzer ritter ist
. . . . rochent bi der selben frist		Sy sprochent zü der selben frist
85 . . . er in rehter moße		Er wer in rechter mosse
. . . lein noch zü große		Zü clein vnd nit zü grosse
. . . hˢtze ist luter one wang	135	Sein hertz ist luter one wanck
. . . z weder zü kurtz noch zü lang		Er ist nit zü kurtz oder zü lanck
. . . hette eins rehten mannes lib		Vnd het eines rechten mannes leib
90 . . . . aniges wilden heiden wib		Vil manches vngetoufftes weib
. . . . . lop dang vnd ere		Seitend danck vnd ere

7

der werden frowen here,
die in zer welte ie gebar.

140 sie sprachent alle samen gar,
das er der turste were,
den mûter ie gebere,
dar zů bescheiden, milte.
so hatt er mit dem schilte

145 geworben ritterlichen pris
und blûget als daz mandel ryß
an tugend und an ere.

Der werde ritter here
durch fûr mit eren manig land,

150 von Stöffenberg waz er genand.
wa er in den landen fûr,
vil manger tobelichen swûr:
ritt alle welt uff einen plan,
man mûst in fur den besten han.

155 Der unverzagte werde man
trûg öch riche cleyder an,
die sinem lib stûndent wol.
fûr war ich ůch daz sagen sol.

.... erden frowen here

· · · · · · · · · · · · ·

· · · · · · · · · · · · ·

95 · · · · · · · · · · · ·

Den mûter ie gebere

Dar zů der bescheiden milte

Hette ouch mit sime schilte

Erworben ritterlichen pris

100 Er blûgete als dz paradis

An tugenden vnd an eren

Der werde ritter herre

Durch fûr mit eren manig lant

Er wz von stöffenberg genant

105 Wo er in den landen fûr

Vil maniger tûrliche swûr

Ritte alle die welt uf einen plan

.... ûs.. i. vur den tursten h..

· · · · · · · · · · · · ·

110 · · · · · · · · · · · · ·

Die sime libe stundent wol

Vûr wor ich uch dz sagen sol

140 Der werden frowen herre

Die in zů der welte ye gebar

Sy sprachend alle samend gar

Das er der schönste were

Den mûter ye gebere

145 Dar zů bescheiden vnd milte

So het er mit seinem schilte

Erworben ritterlichen breiß

Er blyet als das mandel reiß

An tugent vnd an ere

150 Der werde ritter herre

Er fûr mit eren manig land

Von stouffenberg was er genant

Wo er in dem lande fûr

Vil mancher dobelicher schwûr

155 Kem alle welt uff einen plan   [2v

Man mûst in fûr den besten han

Er wer ein vnuerzagter man

Ouch trûg er reiche cleider an

Die seinem leibe stûndend wol

160 Fûrwar ich uch das sagen sol

brettspils kund er ỏch vil
160 und manger leye seyten spil,
daz tet in dik frỏlich wesen.
er kund ỏch schriben und lesen,
daz lert er in sinen jungen tagen.
byrsen, beytzen und jagen,
165 daz konde wol der ritter gůt
und tett in dik hoh gemůt,
daz sin herze frỏyden pflag.
und hỏr, waß ich nun furbaß sag.

Wie im ein schỏne frow erschein

Uff einen tag fůgt sich daz,
170 daz diser helt da heime waz
ze Stỏffenberg, uf sinr vesti gůt,
by sinen frúnden hoh gemůt.
die warent siner kunfte fro,
wan der selbe ritter do

---

159 Brettspil

Bretspils kunde er ouch vil
Vnd maniger hande seiten spil
115 Dz tet in dicke frỏlich wesen
Er kunde ouch schriben vnd lesen
Dz lerte er in sinen jungen tagen
Birßen beißen vnd iagen
Kunde ouch wol der ritter gůt
120 Vnd tet in dicke hoch gemůt
Dz sin hᵉtze frỏden pflag
Nů fůte es sich vf einen tag

Dz der helt do heime was
.. stỏffenberg als ich es las
125 . . . .
. . . .
. . . .
. enne der werde ritter do   [57v

Bretspiles kund er vil
Vnd mancher hande seiten spil
Das det in dick frỏlich wesen
Ouch kund er schreiben vnd lesen
165 Das lỏrt er in seinen iungen tagen
Ouch kund er beissen vnd iagen
Das kunde wol der ritter gůt
Vnd det in dicke hochgemůt
Das sein hertze frỏden pflag
170 Nu fůgt es sich uff einen tag

Wie dem ritter von Stoufenberg ein schỏn
frow erschein

DAs der held do heim was
Zů stouffeberg als ich es las
Vff seiner lieben festen gůt
Bey seinen frúnden hochgemůt
175 Die wurdent seiner kúnffte fro
Do was der werde ritter do

9

175 von in waz lange zit gewesen.
der helt an manheit us erlesen
sprach sinem knaben also zů
an einem pfingstage frů:
„Gang hin, bereite mir ein pfert
180 *und* dir daz roß: min herz begert,
daz ich zů disen ziten
well hin gen Nussbach riten.
do will ich messe hȯren,
daz got well zerstȯren
185 miner grossen sůnd e*in* teyl,
wan ich ze allen ziten veil
min leben trag und minen lip
durch ere und durch werde wip
un*d* ȯch durch diser welte růn.“
190 Der knabe sprach: „herr, ich tůn,
wan ich vil gern gehorsam bin.“
also lůff er zům stall hin in
und zoh har uss ross und ȯch pfert;
hůt, mantel, sporn und ȯch daß swert
195 trůg er da by an siner hand,

---

180 Von   189 Un
185 sůnd ein] sünden

. on in was lange zit gewesen	Gar lange zeit von in gewesen
130 . er helt an manheit vßerlesen	Der held an manheit usserlesen
. prach sime knehte zů	Sprach seinem lieben knechte zů
. n einē pfingest tage frů	180 An einem pfingstage frů
. nabe bereite mir ein pfert	Knecht bereitte mir das pfert
. nd dir dz ros min hertze gert	Vnd dir das dein hertz begert
135 . u solt nůt lenger biten	Du solt nit lenger beiten [3r
. ir sůllent gon nusbach riten	Wir wellend gen nussbach reitten
. o wil ich meße hȯren	185 Do wil ich messe hȯren
. urch dz got vˢstȯren	Durch das got zerstȯren
. . lle miner großen sůnden ein teil	Sol meiner grossen sůnd ein teil
140 .....h.ů.1...........1	Wañ ich zů allen zeiten veil
. . . .	Trage leider meinen leib
Vnd durch weltlichen rům	190 Durch ere vnd durch werde weib
Der kneht sprach here ich tůn	Vnd durch weltlichen rům
145 Man sol gotte gehorsam sin	Herre sprach der knecht ich thůn
Do lief er zů dem stalle hin	Man sol got gehorsam sein
Vnd zoch her us ros vnd pfert	Do lieff er zů dem stall hin ein
	195 Do zoch er uß roß vnd pferd

10

da er bald sinen herren vand.
sy sassent uff und rittent dan.
da ließ der tugenthafte man
sinen knaben ryten vor,
200 wan er noch sin*es herzen* kor
wolte sprechen sin gebett,
als er dik geton hett.
   Der knabe ryt den burgweg ab;
ze hand so siht der selbe knab
205 sitzen uff eim steine
ei*n* frowe alters eine,
die so rehte schöne waz.
un*s* seyt die ofenture daz,
daz got an dise welte ye
210 schöner wiep ließ werden nye
von fleische noch von beyne
also die zarte reyne;
schöner wip wart nie gesehen.

---

200 sines h.] sinr gewonheit   208 Und
206 Eine

	Hůt mantel sporn vnd swert	Hut mantel sporen vnd schwert
	Dz trůg er an sinir hant	Das trůg er do an seiner hand
150	Dar do er sin herren vant	Dar do er den herren fand
	Sů soßent vf vnd rittent dan	Sy sossend uff vnd ritten dan
	Do hies der tůgentliche man	200 Do hies der tugenthaffte man
	Si*n*en knaben riten vor	Seinen knaben reitten fůr
	Wenne er noch sines hertzen kor	Wanne er noch seiner kůr
155	Wolte sprechen sin gebet	Wolte sprechen sein gebet
	Als er dicke geton hett	Als er bey weile dick det
	. . . .	205 Der knecht reit vor dē burgweg ab
	. . . .	Do sach der tugenthafte knab
	. . . .	Sitzen uff einem steine
160	. . . .	Ein frowe alters eine
	Die so rehte schöne was	Die so rechte schön was
	Vns seit die ofentůre das	210 Vns seit die ofentůre das
	Dz got an dise welt ie	Das got in diser welte hie
	Schoner wib nie w^{s}den lie	Kein schöner weib nie werden lie
165	Als die vil zarte reine	Als die vil zarte reine
	Von fleisch vnd von gebeine	Von fleisch vnd von gebeine
	Wart nie schöner wib gesehen	215 Nye schöner bilde ward gesehen

11

reht als der liehten sunne brehen
215 git liehten *wunneberenden* schin
für alles daz gest*ir*ne hin,
also tet die frowe schȏn
fur alle frowen wol geton.
ir schȏne über alle schein.
220 die fro*we*, die sass můter ein;
nach der oventüre sage
so lag der stein by einem hage,
da sy der knab uff sit*ze*n vant.
ȏch hatt sy an ein wyß gewant,
225 daz also schȇne luhte,
daz den knaben duhte,
sy wer vo*n* hymelriche komen
ald uß dem paradys genomen
und fůre in der engel schar.
230 von palmat sydin wunebar
so waz ir wunecliches cleyt,
dar uff von golde waz geleit

---

215 lichten sunneberenden 223 sitzend
216 gesteine 227 vom
220 frome

Rehte als der liehten sunnen . . . . . .   Recht als der claren sunnen brehē
Git liehten sunne berenden sc . . .   Mit liechten wū nenbernden schein
170 Vu̇r alles dz gesteine hin   Fu̇r alles das gestirne fein
Also det die frȏwe gůt   Als det die werde frowe gůt
Vu̇r alle frȏwen hoch gemůt   220 Fu̇r alle frowen hoch gemůt
    Ir wu̅niglicher leib erschein
. . . .   Die frowe sas all můter ein
175 . . . .   Noch der ofentüre sage
So lag der stein vor eime ha . .   So lag der stein vor einem hage
Do su̇ der kneht vf sitzen va . .   225 Do sy der knecht uff sitzen fand
Ouch hette su̇ ein wis gewan .   Ouch het sy an ein reich gewand
Dz also schȇne luhte   Das also schȏne leuchte
180 Dz den knaben duhte   Das in das nit bedeuchte
Su̇ wer von himelriche kome .   Sy were uß dem himel kommen
Oder us dem paradise genom . .   230 Oder uß dem paradeiß genomen
Vnd fu̇re ouch in der engel sc . . .   Vnd fier ouch an der engel schar
Von palmat sidin roseuar   Von palment seyden roseuar
185 Was ir wunnecliches kleit   Was ir wū nigliches cleit
Dar vf von golde wz geleit   Dar uff von golde was geleit

vil manig tier erhaben,
von gold wol durch graben.
235 von dem richen cleyd erschein
manig wunnenclich edel stein
waz meysterlich gewůrkt dar in,
als ich underwiset bin,
die man so rich an krafte vant:
240 wem man sy leite in die hant,
wer der mensche siech gewesen,
die steine machtent in genesen,
als ich ir kraft vernomen han.
    Sů trůg öch ein rich vurspang an,
245 die selbe schöne frowe zwar,
vor irme herzen, daz ist war,
als ir vil wol gezeme was,
da ich es öch geschriben laß.
vil koste waz dar an geleit
250 von manger hande schönheit.
dar inne ein karfunkel:
die naht wart nie so dunkel,
man gesehe wol da von.

	Vil manig dier erhaben	235	Vil manig tier erhaben
	Von golde wol durch graben		Mit gůldin bůstaben
	Von dem richen kleide erschein		Von irem reichen cleid erschein
190	. . . .		Manich wůniglicher edel stein
	. . . .		Was meisterlich vwůrcket dar in
	. . . .	240	Recht als ich vnderweiset bin
	. . e man riche an troste vant [58r		Die man so reich an krefften fand
	. . m̄e man sù leite in sine hant		Wan̄ man sy leite in die hand
195	. er der mensche tot gewesen		Vnd wer ein mensch tod gewesen
	. . e steine mahtent in genesen		Die stein in machtend wol genesen
	. . s ich die mere v^s nomen han	245	Als ich ir krafft vernomen han
	. . trůg ein richen vurspang an		Ouch trůg sy ein reich fůrspang an·
	. . e selbe reine frowe clar		Die selbe reine frowe clar
200	. . r irme hertzen dz ist war		Vor irem hertzen das ist war
	. . s ir wol gezeme was		Als ir wol gezeme was
	. . ich es geschriben las	250	Do von ich es geschriben las
	. ar an vil koste was geleit		Dar an vil kostes was geleit
	. . n mang^s hande schonheit		Von mancher hande schonheit
205	. . . inne ein karfunkel		Dar ynne lag karfunckel
	. . . .		Die nacht ward nie so dunckel
	. . . .	255	Man gesehe wol do von

der steine was so lobesan,

255   daz er gab wuneclichen schin,

und waz geleit da mitten in.

den umbe fieng vil manger stein,

bede groß und ŏch clein,

der besten, so man iena fand.

260   den minnsten mŏchte nit ein lant

vergolten han nach sinem werde.

es *en*wart al*l* uf der erde

keyser ni*e* so lobesan,

der sủ vergolten mŏhte han

265   mít allem sinem riche.

sy was so lobeliche

und so wunnenclich gevar.

Der knabe nam der frowen war

und reyt doch fur und sweyg.

270   mit zuhten im die frowe neyg

und grủst also den knaben.

er torst nit stille haben,

---

257 den *P*] Und   263 nieso

262 Es en wart als u.   272 torft

. . . .	Der stein der ist so lobeson
. . . . gab wunneclichen schin	Vnd geit so wūniglichen schein
210 . . . . . les dz gesteine hin	Der ist geleit do mitten dar ein
. . . . mb ving vil manigē stein	Darumb vil manig edel gestein
. . . . gros vnd klein	260 Bede gros vnde clein
. . . . esten so man sủ iergen vant	Die besten die man yergent fand [3v
. . . . ŏsten mŏhte nut ein lant	Den kosten mŏchte nit ein land
215 . . . . olten han noch sime werde	Vergolten han noch seinem werde
. . . art vf alle der erden	Es ward uff aller erde
. . . . eyser nie so lobesan	265 Kein keiser nye so lobesam
. . . es v^sgolten mŏhte han	Der sy vergoltē mŏchte han
. . . . llem sime riche	Mit allem seinem reiche
220 . . . z so lŏbeliche	Sy was so lobeleiche
. . . wz so wunneclich geuar	Vnd also wunneglich gefar
. . . .	270 Der knab nam der frowen war
. . . .	Vnd reit fur sich vnd schweig
. . . .	Mit zuchten im die frowe neig
225	Vn grủßt den tugenthaftē knabē
Er geturste nut stille haben	Er getorst nit stille haben

wan er den herren sin entsasß,
der im also nohe waz
275 geritten zů der selben stund.
des wart sin herze ser verwunt,
und waz dem knaben vaste leyt,
daz im sin her so nahe reyt.
da von torst er nit stille haben,
280 von note mŭst er fúr san traben
und neyg ir doch mit zúchten gar.
nun waz der ritter komen dar
vil schiere, da uf dem steine
die schŏne sass mŭter eine.
285 do sú der ritter an gesach,
verschwunden waz sin ungemach.
da er die schŏn alleine vant,
sin herz durch schoß der minne brant.
von herzen wart er sunder fro,
290 vil zuchteclich er sprach also:
„Got grŭss úch, frow, durch alle zuht,

---

273 heren
279 torft

288 brant *J*] bant
290 er *fehlt*

<table>
<tr><td>Wenne er den herren entsas</td><td>275 Waⁿ er den herren sein entsas</td></tr>
<tr><td>Der ime also nohe was</td><td>Der im so recht nohe was</td></tr>
<tr><td>Geritten bi der selben stunt</td><td>Geriten bey der selben stund</td></tr>
<tr><td>230 Des wart sin hertze an frŏden wunt</td><td>Des ward sein hertz in frŏden wūd</td></tr>
<tr><td>Vnd was sin aller grostes leit</td><td>Vnd was sein aller grŏstes leid</td></tr>
<tr><td>Dz ime sin hˢre so nohe reit</td><td>280 Das er im also nohe reit</td></tr>
<tr><td>Do von wolte er nut stille haben</td><td>Darumb so torste er nit stil haben</td></tr>
<tr><td>Von not mŭste er vur sich traben</td><td>Von not so mŏst er fúr sich traben</td></tr>
<tr><td>235 Vnd neig ir doch mit zúhten gar</td><td>Do neigt er ir mit zúchten gar</td></tr>
<tr><td>Nŭ wz der hˢre komen dar</td><td>Nu was sein herre komen dar</td></tr>
<tr><td>Vil schiere do der reine</td><td>285 Vil schone do die reine</td></tr>
<tr><td>. . . . .</td><td>Sas allein uff dem steine</td></tr>
<tr><td>. . . . .</td><td>Do sy der ritter an sach</td></tr>
<tr><td>240 *Vˢswunden wz sin ungemach*</td><td>Verschwundē was sein vngemach</td></tr>
<tr><td>Do er die schŏne so eine vant</td><td>Do er die schŏnen alleine fand</td></tr>
<tr><td>An der was aller wunsch bewant</td><td>290 An die aller wūsch was gewant</td></tr>
<tr><td>Des wz er von hertzen fro</td><td>Des ward er von hertzen fro</td></tr>
<tr><td>Er sprach vil zúhtekliche do</td><td>Er sprach gar zúchtiglich also</td></tr>
<tr><td>245 Got grŭße uch frowe durch alle zuht</td><td>Got griesse uch frowe durch zucht</td></tr>
</table>

15

got grüss üch, hoh gelopti fruht,
ich grüß üch, aller schönstes wip,
die ye gewan sel und lip,
     295   die mir uff erden ie wart kunt:
ich grüss üch, frowe, tusent stunt",
sprach der ritter da zů ir.
    „Min lieber fründ, nun danke dir
der werde got von himelrich;
     300   du grüssest mich als tugentlich."
hie mit die frow uff gestůnd.
des ritters herz wart entzunt:
er sprang von dem *pf*erde sin.
die frow bot ir hendelin.
     305   do hůb der wandels eine
die frowe ab dem steine;
do von sin truren gar zergieng.
mit armen er sie umbe vieng
und bat die frowe sitzen nyder.

---

294 das   303 perde

Got grüsse uch hoch gelobete fruht	Got grieß uch hochgeborne frucht
Got grüße uch aller schönstes wib	295 Ich grieß uch allerschönstes weib
Die ie gewan sele oder lib	Die ye gewan sel oder leib
Vnd mir vf erden ie wart kunt	Die mir uff erden ye ward kunt
250 Got grüße uch frowe tusent stunt	Got grieß uch frowe tusend stund
Sprach der ritter do zů ir	Sprach der ritter do zů ir
Min lieber frunt *got* danke dir	300 Mein frůnt nu dancke dir
. . . w . . d . . . . hi . . l	Der werde got von himelreich
. . . .	Du griessest mich so tugentleich
	Wie d' ritter vō stoufēberg vō seinē pferde
	sprāg vn̄ die frowe vō stein hůb
255	HYe mit die schöne uff stunt [4r
. . . .	Des ritters hertze ward entzunt
Er sprang von dem pferde sin [58v	305 Er sprang vō dem pferde sein
Die frǒwe bot ime ir hendelin	Sy bot im ir hendelein
Do hůb der wandels eine	Der tugenthaffte wandels ein
260 Die frǒwe abe dem steine	Hůb die frowen ab dem stein
Do von sin truren gar zergie	Do vō sein trawren gar zergieng
Mit armen er sů vmb vie	310 Mit armen er sy vmbe fieng
Vnd bat die frǒwe sitzen nider	Vnd bat sy zů im sitzen nider

16

310 da rett die schőne nůt da wider;
sy sassent nyder in daz graß.
der ritter redte fúrbass:
„gnade, frowe hoh geborn,
getar ich reden one zorn
315 mit ůch, des min herz begert?"
die frowe sprach: „du bist gewert."
des wart der ritter harte fro
und sprach vil tugentlich also:
„genade, werde reine,
320 wie sind ir hie so eine,
daz ůch nieman wanet by?"
die frowe schőne, unzuchten fry,
den ritter gůtlich ane sach,
daz wort sie lachenliche sprach:
325 „Daz mag dich wol wunder han.
ich sag dir, ritter lobesan,
wie sich hett gefuget daz,
daz ich hie so einig saß:
da han ich, frúnt, gewartet din.

---

321 niemand

Do rette die tugentsame nůt wid^s	Do redet das schőne wib nit wider
265 Su saßent nider in dz gras	Sy sassend bede in das graß
Der helt rette aber vurbas	Sy rettend das ir wille was
Gnodent fröwe hoch geborn	315 Genadend frowe hochgeborn
. . . .	Getarre ich reden one zorn
. . . .	Mit uch das myn hertz begert
270	Die schőne sprach des biß gewert
Des was der ritter harte fro	Des ward der ritter harte fro
Vnd sprach tugentliche do	320 Vnd sprach gar tugentlich also
Gnodent werde reine	Genadent werde frowe reine
Wie sint ir hie so eine	Wie seint ir hye so eine
275 Dz ůch nieman wonet bi	Das uch niemand wonet bey
Die fröwe clor von schanden fri	Die frowe clar vnd schanden frey
Den ritter tugenliche an sach	325 Den ritter tugentlich an sach
Dis wort sů lachende sprach	Das wort sy tugentlihen sprach
Dz mag dich wol wunder han	Das mag dich wol wunder han
280 Ich sage dir ritter lobesan	Dir sag ich ritter lobesam
Wie sich het gefůget das	Wie sich nu hat gefůget das
Dz ich hie so eine sas	330 Das ich hye so einig sas
Do han ich frúnt gewartet din	Do hab ich frúnt gewartent dein

dir sag ich uff die truwe min,

das ich dir bin mit truwe*n* mitte,

sid du pferd ie u̇ber schritte,

so han ich, ritter, din gepflegen;

bede an straßen und an stegen,

335   in stu̇rmen und in striten

hu̇t ich din zů allen ziten,

alß ein fru̇nd des andern sol.

in turnern hu̇t ich din vil wol,

daz dir leides nie geschach.

340   wa man ze hofe stechen sach,

da pflag ich, ritter milte,

din mit dinem schilte;

o̬ch one alle wider habe

by dem fronen gottes grabe,

345   da dir wurde, ritter wert,

alß din herze hat begert.

wie manger da erschlagen wart,

da hu̇t ich din, fru̇nt so zart,

---

331 truwe   334 straß

. . . .   Dir sag ich uff die truwe mein

285 . . . .   Das ich dir bin mit truwen mitte

. . . .   Seit du ye pferd yber schritte

So han ich frunt din gepflege   335 So hab ich ritter dein gepflegen

Bede an stroßen vnd an stege   Bed in strassen vnd uff stegen

In sturmen vnd in striten   In stirmen vnd in streitten

290 Hůte ich din zů allen ziten   Hu̇te ich dein zů allen zeiten

Also ein frunt des andern sol   Als ein fru̇nt des andern sol

In turneý hůte ich din o̬ch wo .   340 In turney hu̇te ich dein gar wol

Dz dir leides nie geschach   Das dir doch nie leid geschach

Wo men zů hofe stechen sach   Wo man zů hofe stechen sach

295 Do pflag ich ritter milte   Do pflag ich ritter milte

Din mit dime schilte   Dein mit deinem schilte

Ouch on alle wider habe   345 Vnd hu̇te dein on al wider habe

. . . .   Dort bey dẽ fronen gottes grabe

Do du wardest ritter werd

300 *Als din* h*s*tze *hat begert*   Als dein hertz hat begert

Do wart manig helt erslag . .   Vnd manig held erschlagen ward

Do hůte ich din alle tage   350 So hůte ich dein mein frůnt so zart

18

mit miner fryen hende
350 hůt ich din *in* ellende.
da von din lob ward wit erkant
in Swaben, Peyern, Ungerland.
O̊ch hůt ich din in Pru̇ssen
vor *Val*wen und vor Russen;
355 in Engellant und Frankenrich
pflag ich din gar meisterlich;
ze Tuskan, in Lamp*a*rten
kund ich din wol gewarten;
ich hůt in allen landen
360 din vil wol vor schanden,
und war ie gestůnd dins herzen gir,
da waz ich alle zit by dir,
daz du mich doch gesehe nie;
min fru̇nd, nun schowest du mich hie,
365 wan ich din ye mit truwen pflag.‟
„Wol mir, daz ich disen dag
gelepte ie, des frȯw ich mich‟,

---

350 im   354 Walven

352 in *fehlt*   357 Lamperten

Mit miner frien hende
Hůte ich din in dem ellend .
305 Do von din lob ist wite erk ...
In swoben peyg^sn vnd vnger ....
Ouch hůte ich din in pruß ..
Vor valwen vnd vor ru̇ßen
In engelant in franckrich
310 Pflag ich din ouch meisterl ...
Zů tustkan in lamparten
Kunde ich din wol gewarten
. . . .
. . . .
315 . . . .
.. was ich alle zit bi dir   [59r
. z du mich helt gesehe nie
. in frunt nů schowestu mich hie
. anne ich din ie mit truwen pflag
320 . ol mir dz ich disen tag
. elebte ie dz frowe ich mich

Mit meiner freien hende
Hůte ich dein in ellende
Do vō dein lob ward weit erkant
Swaben beyern vngerland
355 Auch hůte ich dein in pru̇ssen
Vor beyern vnd vor ru̇ssen
In engeland vnd in franckereich
Do pflag ich dein gar ritterleich
Zů tustkan vnd in lamparten
360 Kund ich dein wol gewarten
Ich hůte in allen landen
Dein vor grossen schanden
War ye gestůnd dines hertzē begir
Do was ich alle zeit bey dir
365 Das du mich held gesahest nie
Mein fru̇nt nu schauest du mich hie
Das ich dein ye mit truwen pflag
Wol mir das ich disen tag
Gelebte ye das frow ich mich

so sprach der ritter lobelich,
„daz ich ůch, schône wip, sol sehen.
370 mir kunde liebers nit geschehen,
wan solt ich nach dem willen min,
genade, frow, by ůch sin
iemer unz an minen tot.“
Die frowe sprach us munde rot:
375 „min lieber frůnd, daz mag wol sin,
jo volgest du dem willen min,
alß ich nun hie bescheide dich,
wenn du denn wilt, so hastu mich,
wa du alters eine bist;
380 und sage dir by diser frist:
wiltu truten minen lip,
so můstu one elich wip
iemer sin untz an dinen tot,
und lebest gar on alle not
385 biß an dinen jůngsten tag,
daz dich nut gekrenken mag
und ôch niemer krenker wirst,

---

377 bescheiden

. prach der ritter lôbelich
. z ich ůch schône wib sol sehen
. ir kunde liebers nůt geschehen
325 . ane solte ich noch dem willen min
. . . dent frowe bi uch sin
. . . .
. . . .
. . . . . . frunt dz mag wol sin
330 . . . . . stu des willen min
. . . . ch hie bescheide dich
. . . ne du wilt so hestu mich
. . . u alters eine bist
. . . sage dir ouch an d^S selben frist
335 . . . . u trůten minen lib
. . můstu one elich wib
. . . er sin vntze an dinen tot
. . . lebest gar one alle not
. . . an den jungestlichen tag
340 . . dich nůt gekrenken mag
. . . . swecher wirst

370 So sprach der ritter tugentlich
Das ich uch schône sol an sehen
Mir kunde liebers nit geschehen
Wan solt ich nach dem willen mein
Genadent frowe bey uch sein
375 Ymmer bis an meine tod
Die frowe sprach uß mindelein rott
Mein lieber frůnt das mag wol sein
Vnd folgest du der lere mein
Als ich hie bescheide dich   [4v
380 Wan du woltest so hettest du mich
So du alters eine bist
Nu sag ich dir zů diser frist
Vnd wiltu truten meinen leib
So můstu on eelich weib
385 Ymmer sein bis an dein tod
Vnd lebest gar on alle not
Bis an den jungestlichen tag
Das dich nůt gekrencken mag
Vnd das du nymmer swer wirst

ob du elich wip verbirst.
nim wel du wilt, nur nit zer e.

390 dar zů hastu iemer me
gůtes, weß din herz begert,
des bistu, frunt, von mir gewert.
aber nimst ein elich wip,
so stirbet din vil stolzer lip

395 dar nach am dritten tage;
fúr war ich dir daz sage,
wan es nieman erwenden kan,
dar umb so soltu dich verstan
in herzen und in můte."

400 Da sprach der ritter gůte:
„frowe, ist die rede war?"
„ja", sprach die mynenchlich clar,
„ich wil dir got ze burgen geben
und dar zů lib und leben,

405 ob ich unrechte sage dir,
daz got niemer gehelfe mir."
Do sprach der tugendhafte man:

---

388 enbirst   398 mich

. . . .   390 Ist das du eelich weib vbirst
. . . .   Nym well du wilt vn̄ nit zů der ee
. . . .   Dar zů hastu ymmer me
345 Gůtes wes din hertze gert   Gůtes was dein hertz begert
Des bistu frunt von mir gewert   Das bistu frúnt von mir gewert
Aber nimestu ein elich wib   395 Aber nymstu ein eelich weib
So stirbet din minneclichˢ lib   Zů der ee dein wůniclicher leib
Dar noch an dem dirten tage   Stirbet an dem dritten tag
350 Vůr wor ich dir dz sage   Das ist war one wider sag
Wenne es nieman erwenden kan   Wan es niemand erwenden kan
Har vmb soltu dich verstan   400 Darumb soltu dich vstan
In hertzen vnd in můte   Im hertzen vnd in dem můte
Do sprach der ritter gůte   Do sprach der ritter gůte
355 Frȯwe ist die rede war   Frowe ist die rede war
. . . .   Do sprach die mynnigliche clar
. . . .   405 Ich wil dir got zů burgē geben
Vnd dar zů lib vnd leben   Vnd dar zů leib vnd leben
Obe ich vnrehte sage dir   Ob ich vnrecht sage dir
360 Dz got niemer gehelffe mir   Das got helfe nymmer mir
Do sprach der tugenthafte man   Do sprach der tugenthaffte man

21

„got, den wil ich ze búrgen han,
wan er getrúwes herze nie
410 mit der hilfe sin verlie,
er hulfe im uß aller not;
lip und sel an gotte stot:
der můsse unser beider pflegen.
frow, so han ich mich verwegen,
415 daz ich lip und leben
fúr eygen úch will iemer geben,
die wil mir gott daz leben gan."
sie umbe vieng den werden man
und er daz mynenchliche wip,
420 die truhte er an sinen lip
und kuste sy an iren munt.
also tet sy ŏch ze der stunt
und kust in tugentlichen wider.
man seid, daz weder e noch syder
425 grŏsser lieby nie enwart,
da man mit trib der minne art,

Got den wil ich zů búrge han
Wenne er getruwes hertze nie
Mit der helffe sin verlie
365 Er hůlffe ime us aller not
Lib vnd sele an gotte stot

Der mů e vnser beder pflegen
Frŏwe ich han mich des erwegen
Dz ich lib vnd leben
370 Vúr eigen uch wil iemer geben
. . . .
. . . .
Die nam er an sinen lib   [59v
375 Vnd kuste sů an iren munt
Also tet die clore bi der stunt
Sů kuste in tůgentliche wider
Man seit dz weder ·E· noch sider
Grŏßer liebe nie enwart
380 Do man mit tribe der minnē art

410 Got wil ich zů búrgen han
Wan getruwes hertze nie
Mit der hilffe sein gelie
Er hilffe im uß aller not
Leib vnd sele an gotte stat

Wie der ritter von stouffenberg die schŏnen
frowen vmbefieng·

415 Der mů ouch vnser beder pflegen   [5r
Frowe ich hab mich des erwegen
Vch wil ich fúr eygen ymmer gebē
Bede leib vnd ouch leben
Die weil mir got das leben gan
420 Sy vmbefieng den werden man
Vnd das mynnigliche weib
Truckt er nach an seinen leib
Vnd kússet sy an iren roten mund
So det die clar ouch zů der stund
425 Vnd kússet in lieplich wider
Man spricht das wed' e noch sider
Grŏsser liebe nie enward
Do man nit treibe die mynne zart

22

als sie da hattent beyde.
Da wolte uff der heyde
der heilt by ir geschlaffen han.
430 da sprach die frowe lobesan:
„da vor behůte uns min Crist,
der unser aller helfer ist,
daz daz iht hie geschehe
und kein mensch niemer sehe
435 unser erste hohgezyt
uff dirre grůnen heyde wyt.
min frůnd, des wil ich bitten dich.
ach, herz liep, dez gewere mich
und laß es nun ze male varn;
440 wir sond es hein ze huse sparn,
da wil ich tůn den willen din.“
Er sprach: „genade, frowe min,
waz ir gebietent, daz tuon ich.“
do sprach die frow zůchteclich:
445 „des maht du wol geniessen,
es sol dich nit verdriessen;

---

436 grüne   443 gebitent

Also sů do hettent beide
Do wolte vf der heide
Der helt bi ir gesloffen han
. o sprach die frowe wol getan
385 . . . . st
. . . .
. . . . e . . . .
Vnd kein mônsche niemer gesehe
Vnser erste hochgezit
390 Vf dirre grůnen heiden wit
·Min frůnt dz soltu erloßen mich
Ach hertze liebe gewere mich
Vnd los nů zů mole varn
Wir sůllentz heim zů huse sparn
395 Do wil ich tůn den willen din
Er sprach gnodet frowe min
Was ir gebietent dz sol sin
Do sprach die frowe wider in
Des mahtu wol genießen
400 Es sol dich nut vꟲdrießen

Als sy do hettend beide
430 Nu wolt do uff der heide
Der helt bey ir geschlaffen han
Do sprach die frowe lobesam
Do vor behiete mich mein crist
Das nu hie zů diser frist
435 Kein semlich ding hie beschehe
Das es kein mensche sehe
Vff diser grienen heiden weit
Vnser erstes hochgezeit
Mein frůnt das wil ich bitten dich
440 Ach hertze lieb gewere mich
Vnd las nu zů mal faren
Wir wellend es hie zů hause sparn
Do wil ich tůn den willen dein
Er sprach genadent frowe mein
445 Was ir mich bittent das tůn ich
Do sprach die frowe lŏbelich
Des magstu wol geniessen
Es sol dich nit verdriessen

23

du sitz reht wider uff din pfert
und scheide von mir, ritter wert.
du bist uff gotz verte,
450 er sůndete, wer dirs werte;
der sůnd will ich entladen sin.
und se, min trut, diz vingerlin,
dar inne so lit ein edel stein,
die sunn nie bessern über schein."
455 Er sprach: „mag es nit anders sin,
so trag ichs durch den willen din,
wan daz ich von úch scheide,
so geschach mir nie so leide,
als mir von úch hie wil beschehen.
460 ach, wenn soll ich úch aber sehen?
daz tůnt mir, werde frowe, kunt."
Si sprach: „man het by diser stunt
gelútet, frund, daz erste mol.
fúr war ich dir, liep, sagen sol:
465 du solt varn hőren messe,

. . . .   Du solt sitzen uff dein pferd
. . . .   450 Vnd von mir scheiden ritter werd
. . . .   Du bist uff gottes ferte
. . . .   Er sůnte der dir es werte

Wie der ritter vō Stouffenberg zů kirchen
reit vn̄ sy im ein fingerlī gab

405 Der sůnde wil ich entladen sin   Der sůnd wil ich vnschuldig sein   [5v
Vnd se min trut dis vingerlin   Vnd so nym trut das fingerlein
Dar inne so lit ein edel stein   455 Dar in do leit ein edel stein
Die sunne nie bessern über schein   Des krafft die ist nit clein
Er sprach mag es nút anders sin   Er sprach mag es nit anders sein
410 So trage ich es durch den willē d . .   Das trag ich durch den willen dein
Wan dz ich můs von úch scheiden   Wan das ich mich von euch scheide
So geschach mir nie so leide   460 So geschach mir nie so leide
Also mir von uch hie můs besche . . .   Wan als mir leider wil geschehen
Ach wenne sol ich uch aber seh . .   Wan sol ich uch nu aber sehen
415 Dz tůnt mir werde frőwe kunt   Das důnt mir liebe frowe kunt
. . . .   Sy sprach man het zů dir stund
. . . .   465 . . . .
Du solt varen hőren meße   Du solt vor hőren messe

24

durch daz got vergesse
alle dine missetat.
so man den segen geben hat,
so rit, gůt ritter, wider heim
470   und gange denne alters ein
da heime in die kammer din:
werlich, da will ich by dir sin.
wenn du einest wŭnschest nach mir,
so bin ich endelich by dir
475   und leiste, weß din herze gert.“
    Do sprach der edel ritter wert:
„so wil ich frŏlich riten.“
sŭ sprach: „du solt nit byten,
du solt da hin din strasse varn;
480   von hymel got muß dich bewarn
und tůg unß beden hilfe kunt.“
mit urlob er da uff gestůnt
und saste die frowe werde
nyder uff die erde,
485   uff die geblůmte heyde.

---

468 Se

---

420 Durch dz got vᶳgeße	Durch das gott vergesse
Alle dine mißetat	Alle deine missetat
Vnd wenne man den segē gebē ...	470 Wan man den segen geben hat
So rit min frůnt her wider	So reit mein frůnt herwider heim
Vnd go du denne alters ein	Vñ gang dan al mǔter ein
425 In die kemenote din	In die kemenote dein
Do wil ich werlich bi dir sin	Werlich do wil ich bey dir sein
Wenne du einost gewunschest ...	475 Wan du winschest do nach mir
So bin ich endelich bi dir	So bin ich endlich bey dir
Vnd leiste was din hᶳtze gert	Vnd leiste was dein hertz begert
430 Do sprach der edele ritter w ...	Do sprach der edel ritter wert
So wil ich frŏlich *riten*	So wil ich frowe reitten
. . . .	480 Sy sprach du solt nit lenger beitten
. . . .	Du solt deine strasse faren
. . . .	Von himel got sol dich bewarn
435	Vnd thů vns beden sein hilfe kunt
	Mit vrlab er do uffgestůnd
(fol. 60 verloren)	485 Vnd hůb die frowen werde
	Mit zůchten von der erde
	Vff der geblůmeten heide

da lachetent si beyde
einander tugen*t*lichen an.
hie umbe vieng der werde man
daz schŏne, minecliche wip.
490 sủ umbe schloß ŏch sinen lip,
und von ir beder gluste
ieglichs daz ander kuste
an roten mund, an wengelin.
　　　Er sprach: „genade, frowe min,
495 wem sol ich ủch hie eine lan?"
Do sprach die frowe wol getan:
„min liep, daz laß besorgen mich.
wa ich wil, da bin ich;
den wunsch, den het mir got geben.
500 da von han ich ein fryes leben,
des du wol geniessen maht."
　　　Do růft der ritter wol geslaht
sinem gůten pferde do.
daz hat er gewent also,
505 wenn er im „geselle" rieff,

---

487 tugenclichen

(fol. 60 *verloren)*

Do begunden sy lachen beide
Einander tugentlichen an
490 Hie vmbefieng der werde man
Das schŏne wunnigliche weib
Sy vmbeschloß auch seinen leib
Nach ir beder geluste
Yetweder das ander kuste
495 An rotten mund an wengelein
Er sprach genadent frowe mein
Wem sol ich uch allein lon
Do sprach die frowe wol getan
Mein lieb hab keine sorg vmb mich
500 Wo das ich wil do bin ouch ich
Den wunsch den hat mir got geben
Dar vmb ich han ein freies leben
Des du noch wol geniessen macht
Do růfft der ritter vil geschlacht
505 Seinem gůtten pferde do
Das het er gewent also
Wan er im geselle rieff

26

daz es behend zů im lieff.
do růft er im „geselle min“:
es kam geloffen bald fůr in.
mit fröyden er dar uff gesass,

510 urlob er do nitt vergass
und reyt geschwinde sinen pfat.
der knabe sin gebeitet hat.

Wie der ritter ze kilchen reyt und sich got bevalh

Si rittent by der wile
wol uff ein halbe mile,
515 da daz dorf gelegen ist.
man lůt öch by der selben frist
mit eim gemeinen schalle
die glocken all und alle.
da von er deste belder reit.
520 nach alter gewonheit
mit dem krůtz man umbe gie,
e man die messe an gevie.

---

514 halb

(fol. 60 verloren)

Das es geswinde zů im lieff
Do rieff er im geselle
510 Sein pferd kam gelouffen schnelle
Mit freidē er dar uff sas
Vrlabs er do nit vgas
Vnd reit geswinde seinen pfat
Der knab sein gebeittet hat
515 Sy rittent bey der weile
Ein vierteil einer meile
Do das dorf gelegen ist
Man leut do zů der selben frist
Mit lobelichem schalle
520 Die glocken al vnd alle
Do von er dester belder reit
Nach alter seiner gewonheit
Mit dem krůtz man vmb gieng
Ee man die messe an fieng

Hie knůete der ritter von Stoufenberg [6r
vn̄ höret messe

27

da gie der tugenthafte man
behend hin für den altar stan
525 und oppfert einen gulden
mit andacht uff den altar hin
und ließ sich nider uff die knie.
die wile man das ampt begie,
do růft der dugentliche man
530 den werden got von himel an
und ŏch die zarte můter sin:
„Maria, himels künigin,
ich bevilh dir iemer mere
lip, sel, gůt und ere,
535 das han ich ie an dich verlan."
hie mit die mess ein ende nan,
und do der segen geben wart,
er hůb sich balde uf die vart
und reit mit frŏiden wider hein;
540 sin hohgemůte waz nit clein.

Wie die schŏne frow zů dem ritter wider kam, do er
uff die vesti wider heim kam in sin kamer, und wie
es do ergieng

---

530 vom

(fol. 60 verloren)
525 Do gieng der tugenthafte man
Zů dem alter hin dan
Vnd opfert einen guldin
Mit andacht uff den alter hin
Vnd lies sich do nider uff sein knie
530 Bitz man do das amt begie
Do riefft der tugenthafte man
Den werden got von himel an
Vnd ouch die werden můter sein
Maria himel künigein
535 Ich befilch dir hut vnd ymmer me
Mein leib sel gůt vnd er
Das ich gar han an dich gelan
Hie mit die meſß ein ende nam
Vnd do der segen geben ward
540 Er hůb sich balde uff die fart
Vnd reit mit freiden wider hein
Sein hochmůt was nit clein

Do er nun uff die burge kan,
do lieff der tugentliche man
in sine kămnate
mit frȯyde gar getratte
545 und sprach: „ach, got von himelrich,
hette ich die schȏne mynechlich
by mir alters eine,
die ich vand uff dem steine!“
e er daz wort ie voll gesprach,
550 die schȏne frow er vor im sach
klůg und weydenliche;
des ward er frȯidenriche
und sprach: „ach, schȏne frowe min,
ir sȯllet willekomme sin.“
555 sủ sprach: „min frủnt, got lone dir.“
er umbe vieng sy mit begir.
als er sy frủntlich umbe vieng,
an ein bett er mit ir gieng,

---

557 umbeving

(fol. 60 verloren)

    Vnd do er uff die festen kan
    Do gieng der tugenthafte man
545 In seine kemenote
    Vil bald vnd vil getrote

Wie die schȏne frowe zů dem Ritter von Stouf- [6v
fenberg kom do er uff die feste in sein kamer
wider heim kōmen was·

    Vnd sprach got herr vō himelreich
    Het ich die schȏne mynnigleich
    Die ich fand uff dem steine
550 Bey mir hie alleine
    Do er das wort zů dē ersten sprach
    Die schȏn er vor seinen ougen sach
    Hủbsch vnd weideleichen
    Des ward der ritter freidenreichen
555 Vnd sprach vil liebe frowe mein
    Ir sollent got von hymel sein
    Ymmer willekom von mir
    Sy sprach mein frủnt nu lone dir
    Hie mitte er sy vmbe fieng
560 Hin an ein bet er mit ir gieng

29

daz waß nach wunsche wol gemaht.
560 er und die frowe wol geslaht
hattent kurzewile vil:
mit der sůssen minne spil
so waz in beden also wol,
als noch zwein lieben wesen sol,
565 die ganzer mynnen wellent pflegen.
sy liessent wenig under wegen,
waz zů der mynnen hören mag,
wan grôsser lieby nie gepflag
uff erden weder man noch wip.
570 ietweders hat des andern lip
mit armen umbe schlossen;
sy warent unverdrossen.
waz zů der mynne hören sol,
daz kundent sy getrieben wol,
575 wan sis einander gunden.
Die schöne zů den stunden
zů dem werden ritter sprach:
„min lieber frund, diß gemach

---

565 Dier

(*fol. 60 verloren*)

Dz was noch wůsche wol bedacht
Er vnd die frowe wol geschlacht
Hettend kůrtzweile vil
Mit der vil siessen mynne spil
565 So was in beden also wol
Als noch zweien gelieben sol
Die gantzer liebe wellend pflegen
Sy liessend nie nicht vnder wegen
Was zů der mynn gehören mag
570 Grôsser liebe nie gepflag
Vff erden weder man noch weib
Ietweder het des andern leib
Mit armen vmbe schlossen
Sy worent vnuerdrossen
575 Was zů der mynne gehören sol
Das kundent sy getreibē wol
Wan̄ sy es einander gunden   [7r
Die schöne zů den stunden
Zů dem werden ritter sprach
580 Mein lieber frůnt sich dis gemach

haben wir biß dem júngsten tag,

580 daß uns nieman gescheiden mag,
tůst du, als ich nu seite dir.“
    „Gnade, frowe“, sprach er zů ir,
„waz ir gebietent, daz tůn ich.
lieb, ich ergib mich an dich,

585 wan du solt min gewaltig sin,
die wil ich han daz leben min
und mir got der sinne gan.“
    Die schöne sprach: „min lieber man,
von mir soltu sin gewert

590 gůtes, weß din hertz begert;
wie vil du wilt, daz hast von mir,
und gib es willeclichen dir.“
    sú gab im gůtes wunder vil,
als ich úch bescheiden wil,

595 daz er frúnd und gesellschaft
alle macht unnothaft
mit der milten hende sin.
er ließ vil wol werden schin,

---

580 geschaden

(*fol.* 60 *verloren*)

Haben wir bitz an den iungstē tag
Das vns niemand gescheiden mag
Důstu als ich han gesaget dir
Genadent frowe sprach er zů ir

585 Was ir gebietend das thů ich
Lieb ich ergibe mich an dich
Wañ du solt mein gewaltig sein
Die weil ich han das leben mein
Vnd mir got der synne gan

590 Die schöne sprach mein lieber man
Von mir so soltu sein gewert
Gůtes so vil dein hertz begert
Vñ wz du wilt das heisch ouch mir
Das gib ich williglichen dir

595 Sy gab im wunderlichen vil
Gůtes als ich uch bescheiden wil
Das er frúnd vnd geselleschafft
Ouch alle machte vnnothafft
Mit der milten hende sein

600 Er lies vil wol werden schein

31

daz er ein miltes herze trůg,
600 wan er gab frund und gsellen genůg.

Wie der ritter dar nach aber uß fůr durch ritter-
schaft in manig verre land herlich und kostlich

Hie nach durch fůr der ritter gůt
vil manig land mit fryem můt,
da er vormals nit waz gesin,
da fůr er ritterlichen hin
605 mit einer ritterlichen schar.
sin nam vil gnote eben war
grafen, fryen, dienstman
und manche frowe wunnesan.
die sprachent, daz er wåre
610 ein rehter lantfarere,
den da nůt bevilte.
und wo der herre mylte
in die wyten lande kan,
wolt er die schône frowe han.

---

607 diestmann

(fol. 60 verloren)   Das er ein miltes hertze trůg
                                            Der ritter edel vnde clůg

                                            Wie der ritter von Stoufenberg durch
                                            fůr vmb ritterschafft alle lant

                                            Dar nach durchfůr gar weite land [7v
                                            Die im vor worent wol bekant
                                        605 Vnd dar er vor ouch nieme kam
                                            Do fůr der tugenthaffte man
                                            Mit einer wunniglichen schar
560 . a nam sin vil gnote war   [61r   Sy noment gar genote war
   . . . fen fryen dienstman   Grofen freien dienste man
   . . d manige frowe wunnesan   610 Vnd manig frowe wunnesam
   . . . sprochent dz er were   Die sprochend das er were
   . . . rehter lantfarere   Ein clůger land farere
565 . . . do nůt bevilte   Den do mit beuilte
   . . der hꞩre milte   Vnd wo der tegen milte
   . . die witen lant bekam   615 In der weitten welt hin kan
   . . . er sin frȯwe wolte han   Wolt er die zarten frowen han

32

615   wenn er sinen wunsch nach ir pflag,
       es were naht oder tag,
       so waz sy by im ze stunt
       und tett im ganzi liebi kunt
       mit lip und ŏch mit gůte.
620   wenn es sich also fůgte,
       daz er nach ir den wunsche hat,
       so waz sie ŏch by im an statt.

Wie der ritter wider hein ze land kam und im sin
frŭnde ryetent, daz er ein elich frow neme

     Also geschach es uff ein zyt,
       do diser ritter waz gar wyt
625   gefaren und waz lang gesin
       von den lieben frŭnden sin,
       daz er ze lande wider kam
       zů sinen brŭdern lobesam
       und andern lieben frŭnden sin.
630   da wart im michel ere schin,
       wan er in liep in trŭwe waz,
       als ich da vor geschriben laß.
       sin brŭder und die mǎge

.. n̄e er sin wunsch noch ir geplag	Wann er seines wunsches noch ir pflag
570 .. wer naht oder tag	Es were nacht oder tag
.. wz sù bi ime zů stunt	So was sy bey im do zů stunt
. . . . k . . .	620 Vnd det im gantze frŭntschafft kūt
. . . .	Mit leib vnd ouch mit gůtte
. . . .	Nu es sich so gefůgte
	Wie der ritter zů land kam vn̄ jm sein
	frŭnde rietēt er sŏlte ein wib nemē
575 . . . . heim zů lande kam	DAs er heim zů lande kam
. . . . nen brŭdern lobesam	Zů zweyē sein bried' lobesam
. . . . nder vil der moge sin	625 Vnd ander vil der moge sein
. . . . rt ime michel ere schin	Do ward im michel ere schein
. . . . e er in lieb an truwen wz	Wan̄ er in gar getrŭwe was
580 . . . . ch do vor geschriben las	Als ich hie vor geschriben las
. . . brŭder vnd sine moge	Sein frŭnd vnd auch seine moge [8r

leytend dar uff lǎge,
635   wie man im geb ein elich wip.
    sủ sprachent: „soll sin stolzer lip
    one lybes erben sterben?
    sol er alsus verderben,
    daz er sol han enkeines kindelin?
640   daz mǔß unß iemer schaden sin.
    vil gern git im ein fúrst sin kint,
    da von wir yemer beraten sint."
    des wurdent sy ze rate
    in einer kemenate,
645   daz sy mit zuht und sytten
    dar umbe in wolten bitten,
    wan es sủ duht sinr ere gezem,
    daz er ein elich frowe nem.
       Als sy do frǒid gehatten vil
650   mit liep und frǒid und seiten spil,
    ze lest uff einen tag allein
    nament sy in an ein ein,
    disen frúnd und werden gast.
    sủ sprachent: „lieber frúnt, du hast
655   eren und ǒch gǔtes vil;
    so ist es ǒch wol uff dem zil,
    daz du solt ein e wip han,

---

643 Das

. . . . . . t dar vf loge	630 Die legten dar uff loge
. . . . ủ ime gebent ein elich wib	Wie sy im geben ein elich weib
. . . . rochent sol sin stoltzer lib	Sy sprachen sol sein stoltzer leib
585 . . . . bes erbe ersterben	On leibes erben ersterben
. . . . . alsus vᔆderben	Sol er also verderben
. . . . kein kindelin	635 Das er ouch lat kein kindelein
. . . .	Das mǔs vns ymer ein schāde sein
	Gar gern im geit ein fúrst ein kind
590	Do von wir alle geeret synd
Do wurdent sủ zǔ rate	Des wurdent sy zǔ ratte
In einer kemenaten	640 In eine keminate
Do inne ouch wz der werde gast	Fúrtent sy do den werden gast
Sủ sprochent lieber frúnt du hast	Vn̄ sprachēt lieber frúnt du hast
595 Eren vnd gǔtes vil	Eren vnd gǔtes vil
Vnd ist ouch wol vf dem zil	Nun ist es doch wol uff dem zil
Dz du ein elich wib solt han	645 Das du solt ein eewib han

die dinen eren wol gezan.
des byttent wir nun alle dich.
660 du bist ein helt so ritterlich,
soltestu vor zite gan
und keinen erben nach dir lan,
daz wer uns allen schand und leit.
so ist noch manig fürst gemeit,
665 der dir sin dohter gunde wol.
din herz dar zů gedenken sol,
daz du des wellest völgig sin.
des habend er die frunde din
und wirt erhebet din gesleht.
670 es ist ǒch zimlich und reht,
daz du solt ein gemahel han,
die din mit zucht gewarten kan."
Der ritter von der red erschrak.
„min lieben frund", sprach er, „ich enmag
675 mich selber nitt gezemen nach;
mir ist ze manger hande gach,
daz zů der e nitt hǒret.
die e gar vil zerstǒret
manger hande frǒyden vil;
680 da vor ich mich noch hůten wil.
ich wil ein fryes leben han,
die wil ich heys ein junger man."
mit diser red und andern worten sin
rett er sich von den frunden hin,

661 vor S⁴] von   674 liben
666 dazu

Die dir in eren wol gezam   Das dir gezymmet werder man
Der ritter von der rede erschrag   Der ritter von der rede erschrack
600 Mine lieben frunde ich enmag   Er sprach mein frunt ich nit enmag
Mich selber nut gezememen noch   Mir selber nit gestemen noch
Mir ist zǒ manger hande goch   650 Mir ist zǔ mancher hande goch
. . .ů . . . .   Das zǔ der ee nit hǒret
. . . .   Die ee gar vil zerstǒret
605 . . . .   Mancher hande freuden vil
Do von ich mich ir hůten wil   Do vor ich mich ouch hůten wil
Ein fries leben wil ich han   655 Vnd wil ein freyes leben han
Die wile ich heiße ein jungˢ man   Die weil ich heys ein iunger man
Hie mitte rette er sich von in   Hie mit rette er sich von in

35

685 daz si es liessend bliben
und woltent in nit tryben.
Doch über unlange gar
nament sy in aber har
und brochtent einen wysen man,
690 der solt es aber tragen an;
der selb sin naher sippe waz.
da er vil red im vor gelaß,
wan er wol kunde reden vil,
da sprach er: „lieber fründ, ich wil
695 dich bytten und die brüder din
und alle, die hie by dir sin,
daz du unß wärest der ersten bett.“
Der ritter sprach: „min herz, daz hett
geschwinde deß beraten sich:
700 waß ir gebietet, daz tůn ich,
on eins: ich wil kein elich wip.
solte man dar umb min*en* lip
ze riemen gar zerschniden,
die e, die wil ich myden,
705 daz sy ůch allen vor **geseit**;

---

694 liber   702 min

---

610 Dar nach vnlange sů gingent hin
Vnd noment in aber har
Einen wisen man sů brohten dar
Der sin noher sippe was
Der manige rede vor ime las
615 Wanne er kunde redens vil
Er sprach min frůnt ich wil
Dich bitten vnd die brüder din
Vnd alle die hie bi dir sin
. . . .
620 . . . .
. . . .
On eins ich wil kein elich wib [61v
Solte man dar vmb minen lib
625 Zů riemen gar zersniden
Die ·E· die wil ich miden
Dz si ůch allen vor geseit

Dar nach onlange giengent sy hin
Vnd nomend in do aber har
660 Ein weisen man brachtend sy dar
Der sein naher sippe was
Vnd im allerhand vor las
Wan er kunde reden vil
Als ich uch bescheiden wil
665 Dich bitten vnd die brüder dein
Vnd alle die hye bey dir sein
Das du vns gewerest ein gebet
Der ritter sprach mein hertze het
Balde des beratten sich
670 Vnd was ir wöllend das thůn ich
On eines ich wil kein eelich weib
Vnd solt man darumb meinen leib
Zů riemen gar verschneiden
Die ee wil ich vermeiden
675 Das sy uch allen vor geseit

36

ich sprich diz uff minen eyd.

d*er* rede sond ir mich erlan,

wellent ir mich gern by ůch han.“

Der alte da mit zuhten sprach:

710 „ist uch die red als ungemach,

die ich durch truw ůch han getan?

ich wonde nitt alz unrecht han,

daz nim ich uff die truwe min:

ich tet es durch die ere din.

715 wil es dir denn so wider sin,

so sye nůt gůt frůnde min.“

Wie die schöne frow kam zů dem ritter und in
warnet vor der frůnd*e* rat etc.

Der rede ward geswigen da.

nun gefůgt es sich aber also,

daz die naht har zů gezoch;

720 da wart dem jungen ritter gah,

daz er schlafen keme.

er hieß vil gezeme

im sinen knaben zůnden nyder;

do rett der jůngling nůt wyder.

---

707 Die   716a frůnden

. ch spriche dz vf minen eit   Ich spriche das uff meinen eid

Der rede sůllent ir mich erlan   Ir solt der red mich erlan

630 Went ir mich gerne bi ůch han   Welt ir mich gern bey uch han

Der alte do mit zůhten sprach   Der alte do mit zůchten sprach

Ist dir die rede als vngemach   680 Ist uch die red so vngemach

Die ich in truwen habe geton   So wil ich sy nu faren lan

. ch wonde nůt als vnreht han   Die ich durch treuwe hab getan

.. *n*im ich uf die *truwe min*   Ich nym es uff die treuwe mein

. . . .   Ich det es durch den willen dein

. . . .   685 Der rede ward geswigen do

. . . .   Nu fůgt es sich aber also

Dz die naht her zů zoch   Das die nacht hertzůher zoch

640 Do wart dem jungen ritter goch   Do ward dem iungen ritter gach

Dz er sloffen keme   Das er schlaffen keme

Er hies vil geneme   690 Do hies er vil geneme

Ime sinen knaben zůnden nider   Seinen knaben zinden nider

Do rette er ouch nůt wider   Do ret der iungeling nit wider

37

725 *nun* nam der ritter wol geslaht
von in allen gů̊te naht,
wan er ze mal betrů̊bet waz.
sinen knaben hieß er, daz
er ǒ̊ch gieng an sin gemach.
730 zů̊ im selber er da sprach:
„ach, hertze liebe frowe min,
min hertze, daz begeret din."
und do er des gedankes pflag,
sin liep an sinem arme lag.
735 Sů̊ sprach: „min trut, was bristet dir?
beků̊mert so bistu von mir.
ein elich wip wil man dir geben;
so hastu, liep, din werdes leben
gar geschwinde verlorn.
740 ich wolte wol, ich hett enborn,
daz ich nie worden wer din wip.
din junger, milter, starker lip,

725 Und

645 Do nam der ritter wol geslaht	Do nam der ritter vil geschlacht
Von in allen gů̊te naht	Von in allen gů̊te nacht
Wanne er zů̊ mole betrů̊bet was	695 Wan er gar betrů̊bet was
Sinen knaben hies er das	Seinen knaben hies er das
Dz er ouch ginge an sin gemach	Das er gieng an sein gemach
650 Zů̊ ime selber er do sprach	Zů̊ im selber er do sprach
Ach hˢtze liebe frǒ̊we min	Ach hertzeliebe frowe mein
	700 Mein hertze das begeret dein

Wie die schǒ̊n frow zů̊ dem ritter von   [8v
Stoufenberg in syn kamer kam vn̄ jn
warnet vor seyner frů̊nde rat·

. . . .	Und do er des gedanckes pflag·
. . . .	Sein liep jm an sym arme lag·
655	Si sprach mein trut wz wirret dir
Beků̊nbert so bistu von mir	Bekummert so bistu von mir
Ein elich wib wil man dir geben	705 Ein elich wib wil man dir geben
So hastu lieb din werdes leben	So hettest du din werdes leben
Gar geswinde verlorn	Gar geschwinde dan verlorn
660 Ich wolte hette ich vˢborn	Ich wolte wol ich hetz enborn
Dz ich nie worden wer din wib	Das ich nie worden wer din wip
Din milter junger stoltzer lib	710 Din iunger werder stoltzer lip

38

der mům iemer růwen mich."

Do sprach der ritter lobelich:

745 „mich nieman des úber reden kan,

waz ich dir, liep, gelobet han,

das leist ich dir biß an den tod."

Sů sprach: „min trut, ich gib dir rot:

man wirt dich an keren vil,

750 daz man dich nit erlassen wil,

man welle dir ein e wip gen.

so soltu dine brůder nen

und die liepsten frúnde din,

den tů also mit worten schin:

755 ein e wip mit dir bekúmert sy,

die won dir alle zite by,

wa du in den landen verst

und waz du gůtes da verzerst,

daz geb sy dir, dins herzen trut;

760 und sag es still und úber lut,

wie ich mit dir gelebet han,

---

746 gelobt   758 gutest
752 dinen brüdernen

Iemer můs ruwen mich   Der mům yemer rouwen mich

Do sprach der ritter lőbelich   Do sprach der ritter tugentlich

665 Wz ich dir liep gelobet han   Mich nieman úber reden kan

Mich sin nieman úber reden kan   Was ich dir gelobet han

Ich leistes bitz an minē tot   715 Das leist ich vntz an meinen dot

. . . .   Si sprach ich gebe dir den rot

. . . .   Man wurt dir ane kerend vil

670 . . . .   Der dich es nit erlossen wil

Man welle dir ein ·E· wib ge . . .   Man welle dir ein elich wib geben

So soltu dine brůder nem . .   720 So nim din brůder merck mich ebē

Vnd die liebesten moge din   Vnd auch die liebsten frúnde din

Den tů so mit worten sch . .   Den tů du mit worten schin

675 Ein ·E· wib mir dir bekún . . . . . .   Ein wib mit dir bekummert sy

Die wone dir zů allen ziten . .   Die wont dir zů allen zeiten by

Wo du in den landen verst   725 Wo du in dem lande ferst

Wz du gůtes do vᶳzerst   Vnd du gutes do verzerst

Dz gebe sů dir din hᶳtze tr . .   Das gebe dir dins hertzen trut

680 Vnd sage in stille vnd úber . . . Beide stil vnd úber lut

Wie ich mit dir gelebet ha .   Wie ich mit dir gelebet han   [9r

daz erlöb ich dir, min lieber man;
und lass dich über reden nicht,
oder werlich dir geschiht,
765   waz ich dir gesaget han."
hie mit begund der tag uff gan;
urlop die schöne frowe nam.
uff stünd der ritter lobesam,
von himel got er ane rieff
770   us grunde sines herzen tieff,
als er öch alle morgen tett,
wenn er uff stünd von sinem bett.

Wie der von Stöffenberg uff einen hofe kam gen
Frankefurt zü einem römischen künig

In disen ziten fügt es sich
von geschihte sunderlich,
775   als ich die mer vernumen han:
gen Frankefurt ein fürst kam,
den man ze künige wolt erhaben.
dar sah man öch vil herren traben,

---

772 Wen

Dz erloube ich dir min lieb . . . . .   730 Das erloub ich dir lieber man
Vnd lo dich über reden niht   Vnd los dich über reden nicht
. . . .   Oder werlich dir geschicht
685 . . . .   Was ich dir gesaget han
. . . .   Hie mitte gunde der tag uff gan
. . . .   735 Vrlop do die schöne nam
. . so stunt her peterman   [62r   Vff so stünd der ritter lobesam
. . n himel got er ane rief   Von himel got er anne rieff
690 . . n grunde sines hertzen dief   Von grunde seines hertzen tieff
. . s er vor dicke tet   Als er auch vor dicke det
. . r noch es sich gefuget het   740 Dar nach es sich gefüget het

    Wie der ritter von Stouffeberg zü einē
    römischē künig gen frācfurt kam

. . s ich die mere vʳnomen han   Als ich die mer vernomē han
. on frankerich ein fürste kam   Gon franckfurt ein fürste kā
695 . en man zü kunige wolte erhabē   Den man zü künige wolte erhaben
. o sach man vil hʳren traben   Do sach man hin vil herren traben·

fürsten, graven, fryen,
780 all uff den hofe schryen.
v̊ch manger werder dienstman
all uff den selben hofe kam
durch des küniges ere.
Der werde ritter here,
785 von dem ich üch hie han geseit,
mit eren uff den hof v̊ch reyt
mit einer wuneclichen schar.
er hatte siner mäge dar
wol dryssig uff die vart bereit;
790 den gab der ritter unverzeit
rosß, harnesch und pfert
kostlich, der milte ritter wert,
und g̊utes, waz sy soltent han.
Sin bruder giengent für in stan;
795 die vart hiessentz in miden:
er mȯht sin nitt erliden
den kosten, den er wȯlte han.
„Nein", sprach der tugenthafte man,

---

790 unverseit

. ürsten grofen frien   745 Fürsten grafen vnd fryen
. lle uf den hof schrigen   Die uff den hoff do gundent schrien·
. . . . d . . . s . . . .   Vil manig werder dienstman
700 . . . .   Gar schiere do z̊u hofe kam
. . . .   Durch des küniges ere
. . . . erde ritter herre   750 Der werde ritter herre
. . . . em ich üch han geseit   Von dem ich do vor han geseit
. . . . ren ouch vf den hof reit   Mit eren uff den hoff do reit
705 . . . . iner wunneclichen schar
. . . ette sinre moge dar   . . . .
. . . drißig vf die vart bereit   755 Dem gab der ritter vnuerzeit
. . . gap der ritter vnu^s seit   Als vns die schrifft das vergeit
. . . harnesch vnd pfert   Ros harnisch vnd pfert
710 . . . in der milte ritter wert   Gab jn der milte ritter wert
. . . g̊utes was s̊u solten han   Gutes was sie soltent han
. . . br̊uder gingent v̊ur in stan   760 Sein br̊uder gingent für jn ston
. . . . art s̊u in hießent miden   Die werck die hiessend sy in meiden [9v
. . . . l . d . .   Er mocht es nit erleiden
715 . . . .   Den kosten den er wolte han
. . . .   Do sprach der tugenthaffte man

„waz ich gůtes kan verzern,

800 noch me mag mir got beschern

und sin werdy můter zart."

Sy rittent mit im uff die vart,

die bruder und die magen sin.

da wart in michel ere schin

805 erbotten vil von mangem man,

der ŏch dar ze hofe kam.

do man in sah so rilig varn,

vil manges edeln fursten parn

sprachent: „daz ist der werde degen,

810 der alle zyt sich het verwegen

lybes und gůtes.

er ist so freches můtes,

daz in nieman kan bestan."

Da sprach der kůnge lobesan:

815 „wer ist der ritter unverzeyt?"

daz wart dem kůnc gereyt;

mit schalle sprach des kůngs getwergh:

„es ist der milt von Stŏffenberg,

---

815 unverseyt   816 war

<table>
<tr><td>. . . . .</td><td>765 Was ich gůtes mag verzeren</td></tr>
<tr><td>Noch me mag mir got beschern</td><td>Noch me mag mir got bescheren</td></tr>
<tr><td>Vnd sin werde můter zart</td><td>Vnd sein werde můter zart</td></tr>
<tr><td>720 Sů fůrent mit ime uf die vart</td><td>Sy fůrend mit im uff die fart</td></tr>
<tr><td>Die brůder vnd die moge sin</td><td>Die brůder vnd ouch die moge sein</td></tr>
<tr><td>Do wart in michel ere schin</td><td>770 Do ward in michel ere schein</td></tr>
<tr><td>Erbotten vil von manigem man</td><td>Erbotten gar von manchem man</td></tr>
<tr><td>Der ouch dar zů hofe kam</td><td>Vnd der zů hof was komen dan</td></tr>
<tr><td>725 Do man in sach so rilich varn</td><td>Do man in sach so reilich faren</td></tr>
<tr><td>Maniges edeln fůrsten parn</td><td>Vil manches werden fůrstē baren</td></tr>
<tr><td>Sprochent dz ist der werde tegē</td><td>775 Sprochend das ist der werde degē</td></tr>
<tr><td>Der alle zit sich hat erwegen</td><td>Der alle zeit sich hat erwegen</td></tr>
<tr><td>Líbes vnd gůtes</td><td>Des leibes vnd des gůtes</td></tr>
<tr><td>730 . . . .</td><td>Er ist so freches můtes</td></tr>
<tr><td>. . . . .</td><td>Das in niemand mag bestan</td></tr>
<tr><td>Do sprach der kunig lobesan</td><td>780 Do sprach der kůnig lobesam</td></tr>
<tr><td>Wer ist der ritter vnuˢzeit</td><td>Wer ist der ritter so vnuerzaget</td></tr>
<tr><td>Dz wart dem richen kůnige do geseit</td><td>Das ward dem kůnig bald gesaget</td></tr>
<tr><td>735 Mit schalle sprach des kůniges getwerg</td><td>Mit schall sprach des kůnigs zwerg</td></tr>
<tr><td>Es ist der milte von stŏffenberg</td><td>Es ist der milt von stouffenberg</td></tr>
</table>

42

den syh ich ritterliche varn.
820   von himel got muß in bewarn,
wan er vert so weydeclich.
er machet mangen armen rich,
e diser hof ein ende nimt,
so eret er maniger mů̈ter kint."

Wie der kůnig den ritter von Stŏffenberg enpfieng und
wie er uff dem hofe so rytterlich stach und reyt etc.

825   Der kůng den ritter wol enpfie;
mit zuht er er engegen gie,
wan im waz vil von im geseit.
siner kunft waz er gemeit,
daz er in solte sehen do,
830   des waz der fůrste harte fro,
daz er zů̈ sinen eren kam.
des danket im der werde man,
und ŏch die lieben magen sin,
die nygent tyeff dem kůnge hin.
835   sich hů̆b ein ritterlicher just:
vil manger wart uff sine brust

---

826 entgegen

Von himel got mů̆ße in bewarn
Ich sihe in so riliche varn
Vnd also weidelich
740 Er machet noch mange arme rich
·E· dirre hof ein ende nimt
So eret er mang͛ mů̈ter kint
Der kůnig den ritter do wol enpfie
Mit zůhten er zů̈ ime gie
745 . . . .
    . . . .
    . . . .
    . . . .
    . z er zů̈ sinen eren kam   [62v
750 . es dankete ime der werde man
  . nd ouch die lieben moge sin
  . ie nigent dief dem kůnige hin

  . ich hů̆b ein ritterlicher just
  . aniger uf sine brust

785 Den sich ich ritterlich her faren
Von himel got myeß in bewaren
Waṉ er fert so hŏfelich
Er macht noch manchen armē reich
E diser hof ein ende nympt
790 Er ert noch mencher mů̈ter kint
Der kůnig den ritter wol enpfieng
Mit zůchten er im engegen gieng
Waṉ im was so vil geseit
Von seiner grossen fromekeit
795 Das er in solte sehen do
Des was der nuwe kůnig fro
Das er zů̈ seinen eren kan
Des danckte im der werde man
Vnd ouch die lieben moge sein
800 Die giengend fůr den kůnig hin

Wie der ritter vff dem hofe so ritterlichen
stach·

SIch hů̆b ein ritterlicher iust [10r
Vil maͦcher ward uff seine brust

43

gestossen, daz er balde viel,
daz im daz blůt zem mund us wiel.
    Do bereit sich ŏch von Temringer
840   her Peterman, der rytter her,
und reyt mit schalle über hoff.
des waret manig byschoff
und vil mange frowe klar;
der kunig nam sin selber war.
845   waz der stecher an in reyt,
die hat er alle bald geleit
geswinde zů der erde,
wan er nach siner werde
kunde ieglichen erhaben.
850   er schonte da der jungen knaben;
und wer im uff dem hof entweich,

. . . .

daz im kein leyt von im geschach.
    Vil mange reyne frowe sprach:
855   „von Stŏffenberg der milte
wirbt hie mit sinem schilte,

---

843 frowen   848 sinen werden

---

755 . art gestoßen dz er balde viel	Gestossen das er fiel dar nider
. nd ime dz blůt zům munde us wiel	Den man do uff můst heben wider
Nů bereite sich von tenger	805 Do bereite sich ouch uff die ban
. er peterman der ritter her	Von stouffenberg her peterman
.. d reit mit schalle über hof	Mit schall so reit er yber den hof
760 ...... war manig bischof	Des nam war manig bischof
. . . .	Vnd ouch vil manche frowe clar
. . . .	810 Der kůnig der nam sein selber war
Wz der stecher an in reit	Was rechter stecher an in reit
Die hette er balde do geleit	Die het er alle bald geleit
765 Geswinde zů der erden	Geschwinde zů der erde
Wenne er noch sinre werde	Er kund noch seiner werde
Iegelichen kunde erhaben	815 Ietlichen wol erhaben
Er schonde ouch der jungē knaben	Er schant der iungen knaben
Vnd wer ime uf dem hofe entweich	Vnd wer im uff dem hof entweich
770 Vůr den reit er vnd sleich	Fur den reit er vnde schleich
Dz ime kein leit von ime beschach	Das im leides nit geschach
Vil manige reine frowe sprach	820 Vil manig reine frowe sprach
Von stŏffenberg der milte	Von stouffenberg der ritter milte
Wirbet mit sime schilte	Der wirbet mit seinem schilte

daz er wol fůrt der eren van."
und do der hof ein ende nan,
im ward die ere zů geseyt:
860 der ritter milt und wol gemeyt
hat lob und rům und ere
von allen frowen here;
und alles, daz in ie gesach,
von siner zuht und ere sprach.

Wie der kůnig mit dem von Stöffenberg rett, daz
er im sine mům en wol ze der e geben

865 Als nun der ritter waz bekant,
der kůnig den ritter da besant,
das er fůr in keme.
do gieng der vil gezeme
mit den, die er mit im braht dar,
870 fůr den erwelten kůnig gar.
und da er fůr den kůnig kam,
Da sprach der fůrste lobesam
zů dem ritter unverzaget:
„uch het ein seliger tag betaget,
875 daz ir ze hoff sind komen her."

---

868 ging

<table>
<tr><td>775 Dz er wol fůret der eren van</td><td>Das er wol fiert der eren fan</td></tr>
<tr><td>. . . . .</td><td>Vnd do der hof ein ende nam</td></tr>
<tr><td>. . . . .</td><td>825 Vnd er der beste was genant</td></tr>
<tr><td>. . . . .</td><td>Der kůnig den ritter do besant</td></tr>
<tr><td>. . . . .</td><td>Das er fůr in keme</td></tr>
<tr><td>780 Vnd do der vil gezeme</td><td>Do gieng er vil gezeme</td></tr>
<tr><td>Mit den die er brohte dar</td><td>Fůr den erwelten kůnig gar</td></tr>
<tr><td>Vůr den erwelten kůnig gar</td><td>830 Mit denn die er ouch brachte dar</td></tr>
</table>

Wie der kůnig mit dē ritter rette vn̄
im gern sein mům e v́maheī e wolte·

b Do sprach der kůnig lobesan   UNd do er fůr den kůnig kam [10v
a Vnd mit sinen mogen dar bekan   Do sprach der fůrste lobesam
785 Zů dem ritter vnuerzaget   Zů dem ritter onuerzagt
Vch het ein selig tag betaget   Vch hat ein selge stund betagt
Dz ir zů hofe sint komen her   835 Das ir zů hof ye komend her

45

„Gnad, edler fürst", also sprach er,
„ich und die lieben magen min
zů ůwren eren kommen sin,
wan wir bedörfent ůwer wol."
880   Der kůnig sprach: „ich ůch helfen sol
und öch inen allen,
wan es ist also gefallen,
daz ich ein einig můmen han,
die ist so reht wol getan
885   und so mineclich gestalt.
achzehen jare ist sů alt.
vatter und můtter sind ir tot,
der gewalt wol an mir stot,
daz ich sů ůch gib zů der e.
890   und wil *u*ch sagen dar zů me:
ich gib ůch landes dar zů vil,
als ich ůch bescheiden wil,
daz ir des gewaltig sind,
ein herre wol und ůwer kind
895   mit miner můmen werden;

---

890 ich

Gnodent herre so sprach er	Genadent herr also sprach er
Ich vnd die lieben moge min	Ich vnd die lieben moge mein
790 Zů uwern eren komen sin	Zů euren eren komen sein
Wanne wir durfent uwer wol	Wan̄ wir bedůrfend ewer wol
. . . .	840 Der kůnig sprach ich ůch helfen sol
. . . .	Vnd ouch den andern allen
. . . .	Es ist also gefallen
795 Dz ich ein eynige můme han	Das ich ein liebe můme han
Die ist so rehte wol getan	Die ist so rechte wolgetan
Vnd ist so wunneclich gestalt	845 Vnd also wunniglich gestalt
Ahtzehen iore ist sů alt	Achzehen jor so ist sy alt
Vatter vnd můter sint ir tot	Vatter vnd můter seind ir tod
800 Der gewalt wol an mir stot	Der gewalt wol aller an mir stat
Dz ich sů ůch gibe zů der ·E·	Die wil ich geben uch zů der ee
Ich wil ůch sagen dar zů m .	850 Vnd wil uch sagen dar zů me
Ich gibe ůch landes also vil	Ich gibe uch landes dar zů vil
Als ich ůch bescheiden wil	Als ich uch bescheiden wil
805 Dz ir wol gewaltig sint	Das ir mit gewalte sind
Ein h^sre vnd ouch ůwer kint	Ein herre wol vnd uwer kind
Mit miner můmen werden	855 Mit meiner můmen werden

46

                 ir herschaft ist ze Kerden."
                 Da wart der ritter missevar,
                 wan er erschroken was so gar,
                 daz er nút mohte sprechen.
900   die werden und die frechen
                 fúrsten sprachen alle do:
                 „herre, wie tůnd ir also,
                 daz ir nit antwurt gebent
                 und also wider strebent?"
905   da von der kúnig betrůbet wart.
                 Er sprach: „vil werder ritter zart,
                 du wenst vil liht, ich spotte din.
                 nein werlich, uff die truwe min:
                 du solt frylich min můmen nen,
910   die ich nye fursten wolte gen."
                 Und do der ritter sich versan,
                 daz er zů im selber kan,
                 da sprach er: „gnade, herre min,
                 die maget edel und vin,
915   die sond ir geben einem man,
                 der sú mit eren wol mag han

	. . . .	Ir eygen ist zů kerden
	. . . .	Do ward der ritter missefar
810	. . . .	Wañ er erschroken was vil gar
	. . . .	Das er nie wort mocht gesprechen
	. . . . erden vnd die frechen [63r	860 Die werdesten vnd die frechen
	. . . . sprochent alle do	Fúrsten sprachend alle do
	. . . . e tůnt ir so	Herre mein wie thůnd ir also
815	. . . . urt gebent	. . . .
	. . . . ent	. . . .
	. . . . betrůbet wart	865 Do von der kúnig betrůbet ward
	. . . . er ritter zart	Er sprach vil werder ritter zart
	. . . . tte din	Du wőnest das ich spotte dein
820	. . . . uwe . . .	Neyn werlich uff die truwe mein
	. . . . n	Du solt mein můmen nemen
	. . . . eben	870 Die mőcht einē fúrstē wol gezemē
	. . . .	Vnd do der ritter sich versan
	. . . .	Vnd wider zů im selber kam
825	. . . .	Er sprach genadent herre mein
	. . . .	Die maget edel vnde fein
	. . . . . . tir geben einen man	875 Die solt ir geben einem man
	. . . . . mit eren muge han	Den sy mit eren wol mag han

und ir v̊ch gemǎsse sy,
won ir geburt ist hoch und fry;
es wer ir ungezeme,
920 daz sy mich armen neme."
     Do sprach der kůnig so ze hant:
„dir tů ich, ritter gůt, bekant:
und geb ich ir einen armen knecht,
es duht sy billig und reht,
925 und mǔst im undertǎnig sin.
daz weiß ich an der mům̊en min."
     Do sich der ritter wolte wern,
vil maniger fůrst begunde swern,
er wer ein unversinnter man,
930 sprachent die fursten wol getan,
die dise rede hȯrtent wol.
der sal waz landes herren vol;
vil byschoff v̊ch dar inne waz,
die den ritter fragtent daz,
935 ob er ein e wip hette.
     Do sprach der ritter stete:

---

926 untertänig

. . . .	Vnd ouch ir gemesse sey
830 . . . . ist von geburte fri	Wan̄ sy ist von geburte frey
. . . . . . ir vngezeme	Es wer ir vngezeme
. . . . mich arm man neme	880 Das sy mich armen neme
. . . prach der kunig zů hant	Do sprach der kůnig do zů hand
. . . . . . ich ritter gůt bekant	Dir thůn ich ritter gůt bekant
835 . . . . ich ir ein armen kneht	Vnd geb ich ir ein armen knecht
. . . nket sů billig vnd reht	Das deucht sy billich vnde recht
. . . . ůs ime undertenig sin	885 Das im sol vndertenig sein
. . . . . z ich an der mům̊en min	Das weis ich an der mům̊en mein
. . . . . h der ritter wolte wern	Do sich der ritter wolt des weren
840	Vil manig fůrst begund schweren
. . . .	Er wer ein vnuersunnen man
. . . .	890 Ouch sas do manig fůrst lobesam
. . . .	Die do die rede hȯrten wol
Der sal wz landes hŝren vol	Der sal was landes herren vol
845 Vil bischoue ouch dar inne was	Vil bischȯffe ouch do inne was
Die den ritter frogeten das	Die den ritter frogten das
Ob er ein ·E· wib hette	895 Ob er ein eweib hette
Do sprach der ritter stete	Der ritter an der stette

48

„ich han ein mynecliches wip,
sy hat den aller schönsten lip,
den menschen ŏg ie gesah.
940 mit der so han ich daz gemah:
wa ich in den landen var,
so nymet si min alzit war
und ist ŏch, wenn ich wil, by mir.
dar zŭ so han ich gŭtz von ir,
945 wie vil ich verzeren mag,
beyde naht und ŏch tag,
daz git mir alz min frowe clar.
waz ich ủch sage, daz ist war:
wenn ich nim ein elich wip,
950 so stirbt mir min junger lip
dar nach an dem dritten tage.
es ist war, was ich ủch sage.
also mir min frowe seyt.
die red ist war uff minen eit.“
955   Do begund ein byschof yehen:
„herr, land mich die frowe sehen!“

---

948 Daz

Ich han ein mĩnecliches wib
850 Die hat den *aller* schönsten lib
Den mönschen ouge ie gesach
Mit der so han ich gemach
Wo ich in den landen var
So nimet sŭ min alle zit war
855 Vnd ist wenne *ich* wil bi mir
. . . .
. . . .
Dz git mir min frowe clar
860 Wz ich ủch sage dz ist wor
Wenne ich nimme ein elich wib
So stirbet mir min junger lib
Dar noch *an* dem dirten *tage*
Ez ist wor dz ich ủch sage
865 *Als* mir min frowe hat geseit
Dz ist wor uf mĩne eit
Do begunde ein bischof iehen
H^Sre lont mich die frowe sehen

Sprach ich han ein schönes weib
Die hat ein wunniglichen leib
Den menschen ouge nie gesach
900 Mit der so hab ich gŭt gemach
Wo ich in dem lande far
Sy nympt mein zŭ allen zeittē war
Vnd ist wenne ich wil bey mir
Dar zŭ hab ich gŭtes von ir
905 Wie vil ich sein verzeren mag
Bede nacht vnd ouch den tag
Das geit mir mein frowe clar
Was ich uch sage das ist war
Vnd waⁿ ich nym ein elich weib
910 So stirbt mein iunger starcker leib
Dar nach an dem dritten tag
Fůr war ich uch das sag
Als mir die frowe hat geseit   [11r
Das ist war uff meinen eit
915 Do begund ein bischof jehen
Herr lond mich die frowen sehen

49

Do sprach der ritterliche man:
„sy lat sich nieman sehen an
denn mich alters eyne."
960   Sy sprachent all gemeyne:
„so ist sy nůt ein rehtes wip."
„ir verlyeret sele und lip",
sprach ein alter cappelan,
nun sind ir doch ein krysten man,
965   wie sind ir so besynnet,
daz ir den tůfel mynnet
fur alle reyne frowen zart?
waz gůtes ye uff erden wart
gesprochen oder gesungen,
970   da von sind ir vertrungen,
von leyen und von pfaffen.
der tůfel sich geschaffen
hett zů einem wibe;
die sel in uwerm libe
975   mům eweclich sin verlorn,
wan ir hand reyne wip versworn:

---

964 Und

Do sprach der tugenthafte man	Do sprach der tugenthaffte man
870 Sů lat sich nieman sehen an	Sy lot sich niemand sehen an
Wenne mich alters *eine*	Wan̄ mich alters eine
. . . .	920 Do sprochend sy al gemeine
. . . .	So ist sy nit ein rechtes weib
. . . .	Ir mǒchtend verlierē sel vnd leib
875	Do sprach ein alter cappelan
Nů sint ir doch ein kristen man [63v	Nu seind ir doch ein cristen man
Wie sint ir so besinnet	925 Wie seind ir so besiñet
Dz ir den tůfel miñent	Das ir den teufel mynnet
Vůr alle reine frowen zart	Fůr alle reine frowen zart
880 Wz gůtes ie uf erden wart	Was gůtes ye uff erden ward
Gesprochen oder gesungen	Gesprochen oder gesungen
Do von sint ir getrungen	930 Do von seind ir verdrungen
Von leygen vnd ouch pfaffen	Von leyen vnd von pfaffen
Der tůfel sich geschaffen	Der teufel sy uch beschaffen
885 Hat zů eime wibe	Hat zů einem weibe
Die sele in uwerm libe	Die sel in uwerm leibe
. . . war ist ewecli*ch* verlorn	935 Mům ewiglichen sein verlorn
. . . .	Wan̄ ir hond reine weib versworn

der tůfel in der helle
ist ůwer schlaf geselle."
mit im wart gesprochen vil;
980   die red ich hie bekůrzen wil.

Die pfaffheit hat in ůber rett,
daz der ritter an der stett
sprach: „was der kůnge heisset mich,
daz tůn ich gewilleclich."
985   zer stund im da gelobet wart
die maget rich, von hoher art,
daz sů sin e wip solte sin.
der kůnig tet im ŏch helfe schin
und gab cleynoten gar vil.
990   Der ritter sprach zem selben zil:
„ir sŏllet mir die junpfrowe
senden gen Mortenowe,
da wil ich die hohzit han."
daz glopte im der kůng hin dan;
995   ein zil wart gemaht,
daz man im die junpfrow braht.

. . . .
890 . . . .
Mit ime wort gesprochen vil
Die rede ich hie bekůrtzen wil
Die pfaffheit in des über ret
Dz der ritter an der stet
895 Sprach wz der kůnig heißet mich
Dz tůn ich gewilleclich
Zů stunt ime gelobet wart
Die maget rich von hoher art
Dz sů sin ·E· wib solte sin
900 Der kunig tet ime helffe schin
Vnd gab ime kleinŏters vil
Der ritter sprach an dem zil

l . . . . . die jungfrŏwe
. . . .
905 . . . .
. . . .

Der teufel in der helle
Ist uwer schloff geselle
Mit im so ward gesprochen vil
940 Die rede ich uch bekůrtzen wil
Die pfaffheit het in vber ret
Das der ritter an der stet
Sprach was der kůnig heisset mich
Das wil ich thůn gar williglich
945 Im do zů stund gelobet ward
Die maget stoltz von hoher art
Das sy sein weib solte sein
Der kůnig dete im hilfe schein
Vnd gabe im cleineter vil
950 Der ritter sprach do zů dem zil

Wie sich die frowe beclaget dorūb dz [11v
der ritter ein eefrowē genomē het

Ir sollend mir die iunckfrowe
Senden gen ortenowe
Do wil ich mein hochzeit han
Des gelobte im der kůnig hin dan

51

Wie die schöne frow aber ze naht zů dem ritter
kam und im seyt, wie er sterben můste, syd er
ein e wip hette genommen

        Do diß also gelobet wart,
        der ritter hůb sich uff die vart;
        mit *den* sinen er dannen reyt.
1000   Da er ze naht sich hat geleit,
        er wůnschte nach der frowen sin,
        by im so waz die schöne vin,
        die sin ye mit trůwen pflag.
        der ritter an irm arme lag.
1005   si sprach: „ach, herze lieber man,
        waz ich dir ye verbotten han,
        des wiltu wenig volgen mir."
           Er sprach: „frowe min, waz meinet ir?"
        die schöne sprach: „da tůt mir we
1010   ein wip, daz nimmest zů der e,
        daz dich wol yemer růwen mag.
        du lepst untz an den dritten tag,
        wenn si dir vereinet wirt,
        min herz niemer daz verbirt.

996a kam *fehlt*   999 den *fehlt*

. . . .	955 Dar an ein zil gemachet ward
Er hůb sich balde uf die vart	Der vil werde ritter zart
Mit den sinen er von dannē reit	Mit dem sein von dannen reit
910 Do er zů naht sich hette gelei .	Do er zů nacht sich het geleit
Er wůnschete noch der fröwen s . .	Er wůnschte noch der frowen sein
Bi ime so wz die keyserin	960 Bey im so stůnd die frowe fein
Die sin ie mit truwen pflag	Die sein ye mit truwen pflag
Der ritter an irme arme lag	Dem ritter sy an dem arme lag
915 Sů sprach vil hˢtze lieber man	Sy sprach mein hertze lieber man
Wz ich dir verbotten han	Was ich dir ye verbotten han
Des wiltu wenig volgen mir	965 Des hastu wenig geuolget mir
Er sprach frowe wz meinet ir	Er sprach frowe was meinend ir
Die schöne s . . . . h	Die schöne sprach es thůt mir we
920	Ein weib du nymest zů der ee
. . . .	Das mich wol ymmer ruwen mag
Du lebest unz an den *d* . . .	970 Du lebest biß an den dritten tag
Wenne sů dir gelobet wurt	Wan̄ sy dir vertruwet wůrt
Min hˢtze dir dz verbůrtt	Mein hertze nymmer das verbirt

52

<pre>
1015   dir sag ich, waz geschehen můß:
        ich wil lan sehen minen fůß
        bede frowen und man,
        wenn din hohzit vohet an.
        so din ǒge daz gesiht,
1020   du solt dich sumen långer nicht
        und solt balde byhten
        eim priester hoh gewihten
        und solt got enphohen;
        den priester heyß denn gohen,
1025   daz er dir vil geringe
        daz heilig ǒl ǒch bringe:
        daz tůt dir werlichen not.
        got tůg diner sele rot.“
            Da gedoht der ritter hoh gemeit,
1030   waz im die pfaffheit hat geseit,
        daz sy vil lihte lůge
        und in der tufel trůge,
        und glǒpte baß der wisen ler.
        also schied von dem ritter her
1035   die schǒne frowe mynenclich.
        der ritter sorget wunderlich.
</pre>

1015 daz   1022 Bim
1020 So

<pre>
 925 Dir sage ich dis geschehen ...   Dir sag ich was geschehen můß
      Ich wil lon sehen minen fů .   Ich wil lon sehen meinen fůß
      Beide frǒwen vnd man   975 Bede frowen vnde man
      Wenne din hochzit uohet a .   So dein hochzeit hebet an
      So din ougē dz gesiht   So dein ouge das ersicht
 930 Du solt dich sumen leng^s nih .   Du solt dich lenger sumen nicht
      Du solt balde bihten   Balde soltu beichten
      Einem priest^s choch gewihten. 980 Einem priester hochgeweichten
      Vnd solt balde got enpfohen   Vnd solt got entpfahen
      Den priester den heis gohe .   Den priester heis vast gahen
 935 Dz er dir vil geringe   Das er dir gar geringe
      . . . .   Das heilig ol do mit bringe
      . . . .   985 Das thůt dir sicherlichen not   [12r
      . . . .   Got der thů deiner selen rot
      . . . .   Do gedacht der ritter vnuerzagt
            (Ende des Frgmts.)   Was im die pfaffen hettend gesagt
                                           Das sy villeicht lůge
                                      990 Vnd in dar an betrůge
</pre>

Wie die junpfrȯ dem ritter wart hein gefůrt
und wie ein fůß durh die bůni kam ob dem tysch

   Hie mit der ritter vil gedoht.
  nun wart die junpfrow hein gebroht
  gen Stȯffenberg mit mangem man
1040 und schȯnen frowen lobesan.
  ȯch kerte von dem lande dar
  vil mange wunnencliche schar
  von herren und von frowen,
  die sich da liessent schowen
1045 durch des ritters ere.
   Waz sol ich sagen mere?
  da man obe tysche saß
  und an dem ersten essen waz
  in einem wunenclichen sal,
1050 da sah menglich ůber all,
  beyde frowen und man,
  und wer ye dar ze hofe kan

1036a jumpfrau   1038 Und

   Des het er sich wol bedacht
   Die brut gen stouffenberg bracht
   Mit ir kam manig werder man
   Vnd manche frowe lobesam
995 Ouch kerte von dem lande dar
   Vil manig wunnigliche schar
   Von herren vnd von frowen
   Die sich do liessend schowen
   Durch des ritters ere
1000 Was sol ich sagen mere

Wie die Iunckfrowe dem ritter ward heim
gefȯrt vn̄ sy zů tysch sossen vnd wie ein fůs
ob dem tysch durch die bůne ward gestossen·

   DO man nu v́ber tysche sas
   Vn̄ menglich do tranck vn̄ as
   In einem wunniglichen sal
   Do ward gesehen v́ber al
1005 Beid von frowen vnd von man
   Vnd wer ye dar zů hofe kam

(der ritter saß gegen der brut),
da sah man still und uber lut,
1055 daz neys waz durch die bůni stieß:
eins menschen fůß es sehen ließ
bloß in dem sal unz an daz knie.
uff erden so wart schöner nie
noch mynnenclicher fůß gesehen;
1060 daz můstent alle menschen jehen.
der fůß über den sal erschein
wisser denn ie helfen bein.

Do menglich den fůß ersach,
do schrey der ritter und sprach:
1065 „owe, owe, mir armen man!"
sin hare röffen er began
und zart es us dem höpte sin.
er sprach: „vil lieben frůnd min,
ir hand mich und üch verderbet,
1070 nun so sind ir enterbett:
über dryg tag bin ich tot."

Vil manger uf gesprungen hat

1057 uns an die k.

Der ritter der sas gegen der brut
Do sach man stil vnd yber lut
Das etwas durch die byne sties
1010 Eines menschen fůß es sehen lies
Blos im sal biß an die knie
Vff erden ward kein schöner nie
Noch wunniglicher fůes gesehen   [12v
Das wil ich fůr die warheit iehen
1015 Der fůs vber den sal erschein
Weisse recht als ein helffe bein
Do menglich den fůs gesach
Do schreye der ritter vnd sprach
Owe owe mir armen man
1020 Sein hore er ziehen do began
Vnd zerte es uß dem houbte sein
Er sprach vil lieben frůnde mein
Ir hond mich vnd uch verderbet
Nu seind ir al enterbet
1025 Vber drey tag so bin ich tod
Mancher sprang uff do gedrot

und lieffend uf den palast hin,
da durch der fůß was gestossen in;

1075 und da sů koment uf den sal,
sů sohent nieman über al.
sů sůhtent hin, sů sůhtent har,
sů wurdent niemans da gewar;
und hettent sů gesůchet noch,

1080 sů kundent vinden niena loch:
durch die bůny waz kein schrantz,
der sal waz worden wider gantz,
do der fůß von dannen kan.
es sprachent frowen und man,

1085 der tufel hette daz getan.
vil grosses wunder wart do von.

Wie der ritter bewaret wart und wie er
starb etc.

Do diß also nun waz getan,
da hieß der ritter bald gan,
im einen priester bringen.

1090 pfyffen, tanzen, singen
waz alles nider da geleyt.
da ward manig ritter gemeyt

Vnd lieffend bald uff den palas
Do der fůs durch gestossen was
Vnd do sy komend uff den sal

1030 Sy sahend niemand vber al
Sy sůchten hin vnd do bey har
Sy wurdēt niemands do gewar
Vnd hettend sy gesůchet noch
Sy kundend finden niergēt loch

1035 Durch die byn gieng niergē schrātz
Der sal was worden wider gantz
Do der fůs von dannen kan
Do sprochēt frowen vnd ouch man
Der teufel hat dises getan

1040 Do hies der ritter balde gan
Einen pfaffen bringen
Pfeiffen dantzen singen
Ward alles nider do geleit
Do ward manig ritter vngemeit

weinen und vil schöne wip,
da man sah des ritters lip
1095   so cleglich gebaren.
    Der ritter zů der claren
sprach, die sin wip solte sin:
„min trut, min liep, min frowelin,
nun muß es got erbarmen,
1100   daz ich nit sol erwarmen
mit fröiden an dem arme din."
    Des antwurt im daz megetin,
wan sů von art vol zuhte waz,
so sprach sů zuhteclichen daz:
1105   „ach, ritter gůt, gehab dich wol.
von himel got dich trösten sol
und öch die zarte můter sin."
    Er sprach: „ach, edly frowe min,
heysß alle, die by dir gestan,
1110   beyde frowen und man,
die mit dir hie ze hofe sint,
bede wip, man und kint:
ist daz ich verdirbe

1045   Vnd manig wunnigliches weib
    Do man sach des herren leib
    So clegelich gebaren
    Der ritter sprach zů der claren
    Die sein gemahel solte sein
1050   Mein lieb mein trut vn̄ mein bielein
    Nu myeß es got erbarmen
    Das ich nit sol erwarmen
    Mit freyden an dem arme dein
    Des antwůrtet im daz megetein
1055   Wan̄ sy von art bescheiden was
    Sy sprach gar zůchtiglichen das
    Ach ritter gůt gehab dich wol
    Von himel got dich trösten sol
    Vnd ouch die zarte můter sein
1060   Er sprach ach liebe frowe mein
    Heis alle die hie bey dir stan
    Bede frowen vnde man
    Die mit dir hie zů hofe sint
    Bede weib man vnd kint
1065   Ist das ich verdůrbe

          und also nun hie stirbe,

1115   daz du helfest begraben mich."
          do weint die frow mynenclich
          und alle, die da waren.
          do hieß er die klaren
          füren hin an ir gemach,

1120   mit grossem jamer das beschach,
            Und hieß do nit me beyten:
          man solte im bereyten
          ein bett, daz er do leyte sich.
          den priester hyeß er endelich

1125   kommen und got bringen:
          „der tot wil mit mir ringen."
          also kam der pryester dar.
          da tett er ganze rüwe gar;
          der priester im got selber gab.

1130   Er sprach: „bereytend mir ein grab
          und tünd mir alle mine reht."
          do weintent ritter und kneht,

          Vnd wor ist das ich stürbe
          Das du denn helfest begrabe mich
          Do weinet die maget mynniglich
          Vnd alle die do woren
1070   Do hies er die claren
          Füren hin an ir gemach
          Also balde das geschach

        Hie biecht der ritter vo Stouffenberg vn [13r
        würt bewart mit de sacrameten

           Er sprach ir sollend nit beitten
          Vnd sollend mir bereiten
1075   Ein bette das ich lege mich
          Gont noch dem priester lobelich
          Heissend mir got her bringen
          Der tod wil mit mir ringen
          Der priester ward gefüret dar
1080   Do det er gantze beichte gar
          Der priester im got selber gab
          Er sprach bereitend mir ein grab
          Vnd thünd mir alle meine recht
          Do weintend ritter vnde knecht

grafen, fryen, dienstman,
und ŏch die maget lobesan,
1135 die im waz geben zů der e.
    Er sprach: „mins dings ist nůt me.
ich bitt ůch, lieben brůder min,
daz ir der zarten maget vin
gebent, waz ich gelobet han.“
1140   „Nein“, sprach sů, „herz lieber man,
waz ich gůtes har han broht,
des wůrt niemer me gedaht;
es sŏllent han die frůnde din.
nun se, du liep, die trůwe min“,
1145 sů bat im dar ir wissen hant,
„dir bin ich gen in frŏmde lant,
und wirt ich nun ein witwen wip,
daz mich keines mannes lip
sol niemer me berůren,
1150 sol ich dich vor mir fůren
ze grab, als uns din mund vergiht.“
    Er sprach: „morn daz beschiht,
so bin ich lebend und tot.“

1085 Grofen freyen dienste man
Vnd ouch die maget lobesam
Die im was geben zů der ee
Er sprach meines dingß ist nit me
Ich bit uch lieben brůder mein
1090 Das ir der claren megetein
Gebend was ich ir gelobet han
Neyn sprach sy hertze lieber man
Was ich gůtes her han gebracht
Des wirt nymmer me gedacht
1095 Es sollend han die frůnde dein
Nu se du lieb die truwe mein
Sy botte im ire weisse hand
Dir bin ich geben in frŏmde land
Vnd wůrd wytewe one weib
1100 So sol mich keines mannes leib
Ouch niemer me berůren   [13v
Sol ich dich vor mir fůren
Zů grab als vnß dein mund v́gicht
Er sprach moren das geschicht
1105 So bin ich lebend vnde dot

Die brut sprach us grosser not:
1155   „du hast verlorn umb mich din leben,
        so wil *i*ch *m*ich durch dich begeben,
        daz ich wil in ein closter varn.
        mich selber wil ich so bewarn,
        daß mich niemer me kein man
1160   mit o̊gen sol gesehen an.
        so wil ich bitten got fůr dich
        und o̊ch sin mǔtter lobelich,
        die den werden got gebar,
        die nemme diner sele war.“
1165   suß danket ir der ritter gůt:
            „Wa sind min brůder ungemůt?“
        sy sprachent bede: „wir sint hie.“
        iewedern er by den henden vie
        und sprach: „lieben brůder min,
1170   land uch die magt befo*lh*en sin.“
        hie mit er urlob von in nan;
        von himel got, den rǔft er an.
            Er sprach: „Maria, ko̊nigin,

1156 ich mich *S*[4]] ouch ich   1170 befohlen

        Die brut die sprach uß grosser not
        Du hast v̇lorn durch mich dein lebē
        So wil ich ouch durch dich ergeben
        Vnd wil in ein closter faren
1110   Vnd wil mich selber so bewaren
        Das mich nymmer me kein man
        Mit ougen sol gesehen an
        Do wil ich bitten got fůr dich
        Vnd ouch die maget lobelich
1115   Die den werden got gebar
        Die neme deiner selen war
        Des danckte in der ritter gůt
        Wo seind ir brůder hochgemůt
        Sy sprochend bede wir seind hie
1120   Ietweder er mit der hende fie
        Er sprach vil lieben brůder mein
        Lont uch die meide beuolhen sein
        Do mit er vrlob von in nam
        Von himel got den riefft er an
1125   Er sprach maria edele kůnigein

laß dir min sel befolhen sin.“
1175 daz wort er clegeliche sprach;
hie mit der tot sin herze brach.

Alsus nam er sin ende.
dar umb manger sin hende
von schräcken cleglichen wand.
1180 die brut für in ir eygen land,
do der helt begraben wart,
do wart su̇ ein closter frow zart.

Waz sol ich sagen mere?
der edel ritter here
1185 ward clagt in allen landen,
wan er sich vor schanden
behu̇tet hat all sine jar.
man sprach still und offenbar,
do wer der tu̇rste ritter tot,
1190 der ye pferd u̇ber schritten hat.
also hat es ein ende.
got uns sin gnade sende. amen.

1189 war

Loß dir mein sel beuolhen sein
Das wort er clegelichen sprach
Hie mitte im sein hertze brach

Wie der ritter von Stouffenberg starb vnd
zu̇ grab getragen ward·

Also nam er sein ende   [14r
1130 Dar vmbe seine hende
Vil mancher gruwelichen want
Die brut für in ir eigen lant
Do der held begraben wart
Sy ward ein closter frowe so zart
1135 Was sol ich uch sagen mere
Er wart geclaget sere
In allen du̇tschen landen
Wan̄ er sich vor schanden
Behu̇tet hette sein jor
1140 Man sprach stil vnd offenbar
Do ist der tu̇reste ritter dot
Der ye pferd v̇ber schritten hot

Hie mit die rede ein ende hat
Ir iungen lǔt ich gib uch rat
1145 Das ir noch eren werben
Wā ir begynnend sterben
Das man der sele sprechen wol
Es ist ein jemerlicher zol
Wer uff sich selber fasset
1150 Das in gemeinlich hasset
Bede frowen vnde man
Dem ist ouch got von himel gram
Dar zǔ die werde mǔter sein
Die thǔ vns ir hilfe schein
1155 Vnd sey vns armen sǔndern holt
Das wǔnschet vns herr eckenolt
Dise rede die jst wor
Got geb vns allen ein gǔt ior
Sprechend amen offenbor

AMEN

www.ingramcontent.com/pod-product-compliance
Lightning Source LLC
Chambersburg PA
CBHW050351030726
47503CB00008B/2729